国社科国家应急管理体系建设研究专项项目20VYJ012

中国社科

情感的多模态研究

基于突发事件的国际话语传播

于海玲◎著

光明日报出版社

图书在版编目（CIP）数据

情感的多模态研究：基于突发事件的国际话语传播 ／
于海玲著 . --北京：光明日报出版社，2024.8.
ISBN 978－7－5194－8245－9

Ⅰ. D820

中国国家版本馆 CIP 数据核字第 2024XZ4964 号

情感的多模态研究：基于突发事件的国际话语传播

QINGGAN DE DUOMOTAI YANJIU：JIYU TUFA SHIJIAN DE GUOJI HUAYU
CHUANBO

著　　者：于海玲

责任编辑：王　娟　　　　　　　　责任校对：许　怡　乔宇佳
封面设计：中联华文　　　　　　　责任印制：曹　净

出版发行：光明日报出版社

地　　址：北京市西城区永安路 106 号，100050

电　　话：010-63169890（咨询），010-63131930（邮购）

传　　真：010-63131930

网　　址：http：//book. gmw. cn

E － mail：gmrbcbs@ gmw. cn

法律顾问：北京市兰台律师事务所龚柳方律师

印　　刷：三河市华东印刷有限公司

装　　订：三河市华东印刷有限公司

本书如有破损、缺页、装订错误，请与本社联系调换，电话：010-63131930

开　　本：170mm×240mm

字　　数：229 千字　　　　　　　印　　张：14.5

版　　次：2025 年 1 月第 1 版　　　印　　次：2025 年 1 月第 1 次印刷

书　　号：ISBN 978－7－5194－8245－9

定　　价：89.00 元

目　录
CONTENTS

第一章　绪论 ………………………………………………………… 1

第一节　研究背景 ………………………………………………… 2

第二节　研究对象、问题和方法 ……………………………… 3

第三节　研究目的和意义 ………………………………………… 4

第四节　本书结构 ………………………………………………… 5

第二章　相关文献综述 …………………………………………… 8

第一节　新闻报道中的情感研究 ……………………………… 8

第二节　西方主流英文媒体对华报道倾向研究 …………… 11

第三节　中国官方英文媒体研究 …………………………… 13

第四节　本书的主要理论基础 ……………………………… 16

第三章　中国官方英文媒体中的态度资源与英雄和受害者形象分析 ……… 25

第一节　灾难性事件报道中的英雄和受害者 ……………… 26

第二节　评价体系中的态度 ………………………………… 29

第三节　语料和研究方法 …………………………………… 34

第四节　分析结果与讨论 …………………………………… 36

结语 ……………………………………………………………… 48

第四章 中国官方英文媒体反恐话语中的"他方"与"我方"评价研究 … … 50

第一节 新疆恐怖主义与相关议题 ……………………… 53
第二节 "意识形态方阵"中的"他方""我方"对立 ……… 54
第三节 语料收集与研究方法 …………………………… 56
第四节 态度与负面的"他方"呈现 …………………… 59
第五节 态度与正面的"我方"形象 …………………… 67
第六节 讨论 ……………………………………………… 74
结语 ………………………………………………………… 77

第五章 《巍巍天山——中国新疆反恐记忆》多模态情感研究 ………… 78
第一节 纪录片：定义、功能与多模态视角 ……………… 80
第二节 纪录片 Tianshan：Still Standing ……………… 84
第三节 态度的多模态呈现与分析 ……………………… 85
第四节 分析结果与讨论 ………………………………… 91
结语 ………………………………………………………… 99

第六章 《武汉战疫纪》中的再现模式、合法化策略与态度研究 ……… 101
第一节 The Lockdown：One Month in Wuhan（《武汉战疫纪》）… 104
第二节 批评性话语分析与社会符号学中的合法化研究 … 105
第三节 纪录片的合法化：再现模式、合法化策略和态度 … 108
第四节 分析与讨论：《武汉战疫纪》的合法化与态度 ………… 114
结语 ………………………………………………………… 128

第七章 《武汉战疫纪》YouTube 在线评论中的情感分析 ………… 129
第一节 情感的传递与观众接受类型 …………………… 130
第二节 语料与分析步骤 ………………………………… 131
第三节 分析结果与讨论 ………………………………… 136
结语 ………………………………………………………… 158

第八章　新华网与美联社洪灾图片的新闻价值对比研究 ·················· 162

　　第一节　国际/国内灾难报道与图片库研究 ·················· 164

　　第二节　理论框架：洪灾图片库的话语新闻价值分析 ·············· 167

　　第三节　语料收集与分析步骤 ·················· 172

　　第四节　研究发现与讨论 ·················· 174

　　结语 ·················· 190

第九章　研究总结与展望 ·················· 192

　　第一节　主要研究发现汇总 ·················· 192

　　第二节　对研究问题的回答 ·················· 196

　　第三节　今后研究工作展望 ·················· 199

参考文献 ·················· 201

后　记 ·················· 220

第一章

绪论

根据 2007 年 8 月 30 日第十届全国人民代表大会常务委员会第二十九次会议通过的《中华人民共和国突发事件应对法》（2020 年修订版），可将本书题目中的"突发事件"理解为，"突然发生，造成或者可能造成严重社会危害，需要采取应急处置措施予以应对的自然灾害、事故灾难、公共卫生事件和社会安全事件"。

本书题目中的"国际话语"涵盖以下两方面内容：①通过中国官方英文媒体（如 *China Daily*、Xinhua News 等）发布的、以国外民众为主要目标受众的新闻报道。②中国官方电视台制作发布的、以国外民众为主要目标受众的多模态音视频作品。

突发事件以其灾难性、突发性、破坏性、异常性和影响力牵动着人心。国际话语中体现的公众情绪反应形成了特有的"情感信息"和"情感话语"体系。在跨文化传播过程中，如何有效运用情感意涵、情感沟通、情感体验等情感机制，寻求与目标受众建立情感链接并使其产生情感认同，是当下"讲好中国故事"所面临的难题。因此，本书主要关注中国成功应对重大突发事件国际话语中通过文字、图片和声音进行的情感多模态书写，以及这些情感在目标受众中的传播效果。

本章是整本书的绪论，主要涉及研究背景，研究对象、问题和方法，研究的目的和意义，以及本书的结构。

第一节　研究背景

突发事件国际影响大、社会关注度高，国际媒体尤其是西方强势媒体争相报道，是我国媒体争夺国际话语权的一大焦点。[①] 研究表明，在过去 20 年间，中国官方英文媒体报道国内突发事件过程中，主动把握和引导国际舆论的能力有所提高，但仍存在一些问题。例如，李圣武[②]以西藏"3·14"事件（2008 年）和新疆"7·5"事件（2009 年）为例，认为《人民日报》关于两次突发性事件的报道策略发生了重大转变，具体体现在"官本位"向"事本位"的转变，"时宜性"向"时效性"的转变，"印刷思维"向"多媒体思维"的转变，以及"单一的正面宣传"向"两面宣传"的转变。王若琳[③]从报道数量、版面分布、报道类型、报道角度、报道主题框架、信息源、图片七个维度，分析了 *China Daily* 为期一个月针对"8·12"天津爆炸事故的 63 篇报道，指出其在报道的广度和多元性、客观性、信息公开、贴合外国读者方面取得了很大进步，但在个别报道的版面安排及图片选择方面仍存在较大提升空间。李冰等[④]分析了新华社 Twitter 针对昆明"3·1"暴恐事件和马航 MH370 客机失联事件所发的推文，认为新华社仍需完成从"自我中心"到"受众中心"的转变。

与此同时，当代社会进入了后情感社会，情感受到自我、他者和作为整

---

①　周锡生. 突发公共事件应急报道中的国际话语权问题 [J]. 中国记者, 2009 (7)：4-8.
②　李圣武. 突发性事件报道的策略研究：以《人民日报》西藏"3·14"事件与新疆"7·5"事件报道为例 [D]. 武汉：华中师范大学, 2011.
③　王若琳.《中国日报》突发灾难事件对外报道现状研究：以"8·12"天津爆炸事故为例 [D]. 北京：北京外国语大学, 2016.
④　李冰, 汤嫣, 张梓轩. 国际传播语境下新华社突发事件报道：以新华社 Twitter 为例 [J]. 青年记者, 2014 (32)：28-29.

体的文化产业的普遍影响。① 新闻报道中的情感影响人们对特定事件的看法和态度。② 彭增军③认为，在传统新闻理论中几乎是禁忌词的"情感"，在社交媒体时代不仅不可避免，而且十分必要。新闻话语的目的是对读者产生影响，而影响的发生有赖于话语引起的同情和共情。同情产生怜悯，因而宽容；共情感同身受，因而理解，再而行动。由于国内已有研究大都以中文主流媒体为研究对象，较少涉及中国官方英文媒体，本书将以中国官方英文媒体以及主要面对国际受众的新闻报道和音视频作品为研究对象，对其中涉及的情感传递进行研究。

第二节　研究对象、问题和方法

本书的研究对象包括两部分：①2000 年至 2020 年，中国官方英文媒体和以官方名义在国际社交媒体上发布的、以国际受众为目标受众的、有关国内重大突发事件的国际话语。②国外受众对相关国际话语的评论、点评、转发等，作为其对中国国际话语的情感反应的体现。研究对象既包括传统新闻中常见的文字和图片（照片和漫画），也包括音视频作品。

针对这些研究对象，本书拟解决以下几个问题：

（1）有关中国成功应对突发事件国际话语中，通过单一模态表达出的情感与多种模态相互作用、共同构建的情感有何不同？

（2）针对不同类型的突发性事件，中国官方英文媒体中所体现的情感主要类型有何变化？

（3）中国成功应对突发事件国际话语中的情感性表达，如何直接或间接反映中国政府和人民的立场？

---

① MESTROVIC S. Postemotional Society［M］. London：Sage，1997.

② RYFFEL F A，WIRZ D S，KüHNE R，et al. How Emotional Media Reports Influence Attitude Formation and Change：The Interplay of Attitude Base，Attitude Certainty，and Persuasion ［J］. Media Psychology，2014，17（4）：397-419.

③ 彭增军. 新闻的情商：数码时代新闻的情感转向［J］. 新闻记者，2019（4）：38-42.

（4）目标受众对中国国际话语中的情感做出了何种反应？情感的多模态表达研究如何指导今后中国国际话语的书写？

有效的国际话语不只是单纯叙述事实，其魅力也在于以报道中浓郁的情感来激发受众的情感，从而增强话语本身的感染力。在求真务实思想的指导下，中国成功应对重大突发事件的国际话语在通过讲事实、讲数据、讲作为从而实现"以理服人"方面取得了较大成就。在此基础上，如果能同时注重刻画重大突发事件中人物情感的状态、变化，影响舆论，感染受众，实现"以情动人"，将能够让国际受众在了解事实之后迅速产生情感认同反应，达到让中国故事打动人心的目的。

研究方法上，本书整体采用了根据研究问题收集语料，建立语料库，对语料的分析实行定量与定性相结合的方法，在分析结果的基础上进行讨论并得出结论或提出建议。进行定量分析时，根据不同的研究目的采用了具有不同功能的分析软件，既有可以对语料实行自动分析的语言探索与字词计数软件（LIWC）和 LancsBox（参见第七章），也有需要自行设计变量、手工进行分析的 UAM 语料分析软件（参见第三、四章）。针对同时包含图片和文字的多模态文本，则使用了 UAM 图片分析软件（参见第八章）和多模态转录（multimodal transcription，参见第五章）的方法。每一种研究方法在对应的章节有具体的介绍，此处不再赘述。

第三节　研究目的和意义

本书的研究目的包括以下三点：（1）揭示新媒体环境下，受语言和文化差异的影响，中国成功应对重大突发事件的国际话语如何综合运用文字、图片和声音，传递不同类型的态度（情感、判断和鉴赏），通过态度间接表达立场，引导国际舆论。（2）分析目标受众对中国国际话语中情感的反应，在此基础上评估情感传播效果。受其文化、教育和意识形态的影响，目标受众在接触中国国际话语之前，已存在一些"前见"或"前理解"，在考虑到这些"前见"的前提下，分析目标受众对文本中情感所进行的顺应性、策略性和抵抗性阅读,将分析结果用来评估情感传播的效果。(3)在历时、共时研究的基础上总结迄今为止中国成功应对突发事件国际话语中多模态情感表达的优势和不足,揭示新媒体时代信息和情感受众的新特点,为今后的理论研究和国际话语书写实践提供借鉴。

就研究意义而言,首先,本书可以扩大重大突发事件情感研究的文本范围。重大突发事件报道对国内公众的情感激发和引导已得到较多研究,相比之下,受语言、文化差异的影响,中国成功应对重大突发事件的国际话语如何在国外受众中引起情感共鸣,并未得到很大关注,本书将进一步扩大研究范围。其次,本书增加了对图片和声音模态情感传递的研究。新媒体融合文字、图片与声音,重复编码情感表达,可增强情感感染力。本书在文字之外,关注图片和声音,从多模态角度分析情感的传递,理论研究紧密贴合实际,并将有效补充之前对文字的研究。最后,本书还提出了应关注目标受众对国际话语中情感的真实反应。本书认为,情感传递只是国际话语交流的出发点,其目的是在目标受众中引起文本作者所期望引起的情感反应,因此应将目标受众的评论话语纳入分析范围,了解其反应,评估情感传播效果。

第四节　本书结构

本书一共由九章组成。其中第一章是绪论。第二章从宏观层面对与本书相关的文献进行综述,主要涉及新闻报道中的情感研究、西方主流英文媒体对华报道倾向研究、有关中国官方英文媒体的研究,以及本书的主要理论基础:评价体系与多模态社会符号学。第三章到第八章是本书的主体分析部分,以态度(情感)为焦点,涉及了不同的突发事件类型和不同的模态类型,具体情况详见表1-1。

表1-1 本书分析章的内容分布

突发事件类型		模态类型		
		语言	图片	语言+图片+声音
态度传递	灾难性突发事件		洪灾图片新闻（第八章）	
	治安性突发事件	反恐话语中的态度（第四章）		反恐纪录片中的态度（第五章）
	公共卫生性突发事件			《武汉战疫纪》中的态度（第六章）
	各类突发事件	英雄与受害者态度（第三章）		
受众反应		YouTube 观众评论中的态度（第七章）		

　　第三章关注对各类突发事件文字报道中针对英雄和受害者两种群体的态度。该章选取了近20年来中国官方英文媒体，尤其是 *China Daily* 中，关于中国国内灾难性事件中有关英雄与受害者的报道，建立语料库，根据马丁（J. R. Martin）评价体系态度下的三个子系统（情感、判断和鉴赏），使用分析软件 UAM Corpus Tool，分析报道中针对英雄和受害者所使用的态度。

　　第四章分析中国英文媒体反恐话语如何使用语言中的评价资源，从意识形态角度将"他方"（Them）与"我方"（Us）做出区分并呈现。主要语料来自两个官方媒体，《人民日报》和《中国日报》英文版刊载的247篇新闻报道。研究框架整合了批评性话语分析（critical discourse analysis）中的意识形态方阵（ideological square）概念和评价体系中的态度系统。

　　第五章以中国国际电视台（CGTN）2020年6月19日发布的新疆反恐系列纪录片第三部《巍巍天山——中国新疆反恐记忆》为研究对象，根据多模态评价理论框架，聚焦态度系统，采用定性与定量分析相结合的方法，分析三种态度资源（情感、判断和鉴赏）在纪录片的四部分（"青山处处""幸存者说""反恐之战""向阳而生"）中所占比重，以及不同态度分布背后的原因。

　　第六章主要关注2020年2月中国国际电视台拍摄的纪录片 *The Lockdown*：

One Month in Wuhan（《武汉战疫纪》），旨在分析该纪录片如何对新冠疫情期间武汉封城进行合法化，以及其中态度的重要作用。分析的框架综合了尼科尔斯（B. Nichols）① 提出的纪录片的再现模式（modes of representation）与批评性话语分析和社会符号学中的合法化（legitimation）概念，以及马丁等人的评价体系。

第七章与第六章内容相互呼应。第七章将焦点放在观众身上，关注国际观众对《武汉战疫纪》这一纪录片的反应和接受度，分析 YouTube 用户评论中所体现出的态度。分析主要采用定量的方式，通过自建语料库，使用语言探索与字词计数软件（LIWC）和 LancsBox 为主要工具进行语料分析。分析从历时和共时两个角度进行。

第八章对比研究新华网英文版（Xinhua Net）和美联社（Associated Press）在线图片库如何呈现洪灾这一日益普遍的自然灾难。根据洪灾发生地点，将其分为他国洪灾（Their floods）和本国洪灾（Our floods）。研究语料包括来自新华网和美联社网站的约 1500 个照片—图注复合体。所采用的理论框架是话语新闻价值分析（Discursive News Values Analysis，DNVA）。

第九章是本书的结语，总结了本书的主要发现，对绪论提出的研究问题进行了回答，并对未来的研究做了展望。

---

① NICHOLS B. Introduction to Documentary ［M］. Bloomington：Indiana University Press，2017.

第二章

相关文献综述

本章主要从宏观上对与本书相关的文献进行综述，涉及新闻报道中的情感研究，西方主流英文媒体对华报道倾向研究，对中国官方英文媒体进行的研究，以及本书的主要理论基础。因为是宏观意义上的文献综述，本章并不包括每一具体分析章所涉及的研究话题，针对具体话题的文献综述在每一章有详细论述。

第一节 新闻报道中的情感研究

进入数字时代，新闻报道出现碎片化、个性化特点，单纯的信息传递已无法吸引并打动读者，在报道内容中融入情感因素已成为新媒体报道的重要趋势。[1] 国内外针对新闻报道中的情感研究主要包括案例分析和技术开发两方面。案例分析侧重使用某一理论，针对某一事件，就新闻话语中的情感表达进行研究；技术开发侧重搭建中文新闻话语中的情感识别和分类系统。

案例分析方面，赵淑萍、李超鹏[2]以新冠疫情防控期间《人民日报》、新华社、中央广播电视总台三大主流媒体在新冠疫情报道中的短视频产品为语料，分析了这三大主流媒体如何利用短视频对公众内心情绪进行积极引导与

---

① 白淑英，王丽敏．网络新媒体报道中的情感动员：以四川木里火灾报道为例 [J]．哈尔滨工业大学学报（社会科学版），2020，22（2）：48-55．

② 赵淑萍，李超鹏．突发公共卫生事件报道中主流媒体情感传播策略研究：以三大央媒新冠肺炎疫情报道短视频产品为例 [J]．中国出版，2021（4）：46-51．

抚慰，帮助公众在特殊时期保持生活信心。崔晓玲①以评价理论②情感子系统和被评价对象的定义③为基础，采用定性和定量相结合的方法，聚焦"7·23温州动车事故"新闻评论的情感评价特征，发现危机评论的情感表达与危机评论议题的设置、被评价对象的选择关系密切。蒋晓丽、刘波④以CNN和新华网对"7·23温州动车事故"和"康州校园枪击案"报道为例，分析比较了中美突发事件新闻报道中的情感话语。其研究认为，与新华网相比，CNN在突发事件报道中感谢类和致歉类情感话语的使用更频繁，表达方式更为直接多样，取得了更好的言后效果，更有利于塑造政府形象和突发事件的危机公关。

　　有关中文新闻话语中的情感识别和分类方面，李天赐等⑤提出使用多输入通道卷积神经网络（MIC-CNN）进行客观性新闻标题的情感分类，并验证MIC-CNN分类精确率比普通的卷积神经网络（CNN）提高了2%～3%。罗文兵等⑥提出运用JXNUIIP系统对新闻话语中的情感关键句进行判定和抽取。潘云仙、袁方⑦提出使用JST模型对中文新闻文本进行情感分析。周咏梅等⑧借鉴图排序模型的原理，提出一种新闻评论情感词典构建方法，并从情感词判定的准确性和基于构建的情感词典的分类性能两方面验证了所提方法的有

①　崔晓玲.危机新闻评论的情感研究：聚焦"7·23温州动车事故"［J］.西安外国语大学学报，2017，25（1）：27-33.

②　MARTIN J R，WHITE P R R.The Language of Evaluation：Appraisal in English［M］.Hampshire：Palgrave Macmillan，2005.

③　BLOOM K.Sentiment Analysis Based on Appraisal Theory and Functional Local Grammars［M］.Chicago：Illinois Institute of Technology，2011.

④　蒋晓丽，刘波.中美突发事件新闻报道中情感话语比较分析：以CNN和新华网对"温州7·23动车事故"和"康州校园枪击案"为例［J］.西南民族大学学报（人文社会科学版），2015，36（2）：153-157.

⑤　李天赐，王浩，方宝富.基于MIC-CNN方法的中文新闻情感分类［J］.山西大学学报（自然科学版），2019，42（4）：746-754.

⑥　罗文兵，徐雄飞，王明文，等.面向新闻的情感关键句抽取与判定［J］.江西师范大学学报（自然科学版），2015，39（6）：642-646.

⑦　潘云仙，袁方.基于JST模型的新闻文本的情感分类研究［J］.郑州大学学报（理学版），2015，47（1）：64-68.

⑧　周咏梅，阳爱民，杨佳能.一种新闻评论情感词典的构建方法［J］.计算机科学，2014，41（8）：67-69.

效性。

此外，国内外学者还从多模态角度对新闻话语中的情感进行了研究。这方面的国内相关研究出现较晚，大都关注新闻话语的视觉修辞和视觉框架①。王雪晔②关注图像在新闻话语情感动员中的重要作用，提出在视觉文化语境下，媒介通过呈现行为、道具、场景、颜色、标语五种图像框架，建构了情感动员实践中悲情与戏谑两种主要情感，其背后涉及隐喻、符号、语境、象征等视觉修辞分析视角。国外相关研究中，埃克诺默（D. Economou）③聚焦新闻话语中图片的情感呈现，将马丁（J. R. Martin）和怀特（P. R. R. White）④ 的评价理论应用于图片分析，收集了澳大利亚和希腊四种主要新闻媒体对相同事件报道中的图片，从情感类型（包括主观感受、社会评价和鉴赏）、情感来源和情感强度三方面进行了对比，旨在揭示新闻话语中的图片如何在无形中激发读者情感，引导公众舆论。麦克维（M. B. McVee）和卡斯（C. Carse）⑤ 分析了美国政治广告视频 *The Chinese Professor* 如何通过动作、语言、声调、呈现视角等，将视频中的中国教授和学生（代表中国政府）塑造为阴险、贪得无厌的美国敌人，引导不知情的民众在情感上将中国（人）形象树立为不怀好意的他者。穆罕默德-哈尼夫（M. S. Mohamed-Haneef）⑥分析了CNN网站上对印度黑公交轮奸案报道中的图片和视频，揭示了文字、

---

① 刘丹凌. 观看之道："像化"国家形象的视觉识别框架［J］. 南京社会科学，2018（10）：121-128；刘涛. 语图论：语图互文与视觉修辞分析［J］. 新闻与传播评论，2018，71（1）：28-41；王超群. 情感激发与意象表达：新媒体事件图像传播的受众视觉框架研究［J］. 国际新闻界，2019，41（10）：75-99.

② 王雪晔. 图像与情感：情感动员实践中的图像框架及其视觉修辞分析［J］. 南京社会科学，2019（5）：121-127.

③ ECONOMOU D. Photos in the News：Appraisal Analysis of Visual Semiosis and Verbal-Visual Intersemiosis［D］. Sydney：University of Sydney，2009.

④ MARTIN J R, WHITE P R R. The Mythological Role of Journalism［M］. Hampshire：Palgrave Macmillan，2005.

⑤ MCVEE M B, CARSE C. A Multimodal Analysis of Storyline in "The Chinese Professor" Political Advertisement：Narrative Construction and Positioning in Economic Hard Times［J］. Visual Communication，2016，15（4）：403-427.

⑥ MOHAMED-HANEEF M S. Multimodal Social Semiotic Analysis of Delhi Rape Conviction News in 2013 in CNN IBN Website［J］. Asian Journal of Communication，2019，29（1）：92-107.

图片和声音如何共同作用，一方面激发受众对受害者的同情，另一方面彰显罪犯的无知和罪有应得。

整体而言，国内已有新闻话语中的情感研究大多局限于汉语媒体，对官方英文媒体涉及不多；大多局限于情感的传递，缺乏对传播效果和受众反应的客观研究。同时关注文字、图片和声音，从多模态角度进行新闻话语的情感研究是一种新的趋势，在国内外都得到较大关注。适当表达情感的新闻报道在突发事件的国际报道中有着举足轻重的地位。因此，本书以中国成功应对重大突发事件的国际话语为研究对象，聚焦其通过文字、图片和声音所进行的情感传递，并通过目标受众的反应评估情感传播效果。

第二节 西方主流英文媒体对华报道倾向研究

综观最近几年国内学者对西方主流英文媒体对华报道的研究可以看出，虽然有部分学者持积极态度，认为随着中国综合国力的提升，西方主流英文媒体涉华报道方式有所改变，但大部分学者仍倾向于认为，西方主流媒体有关中国的报道以负面信息为主，寄希望于借助西方媒体塑造良好的中国国家形象几乎是不可能的。下面将分别对代表性研究进行综述。

强月新和叶欣①的研究认为，随着中国经济、政治、军事实力的增强和国际地位的提高，西方媒体对中国报道的视角也发生了转变，从长期轻视、俯视、宏观的视角转换为平视和微观的视角。类似的观点也出现在徐明华和王中字②的研究中。他们分析了美国主流媒体《纽约时报》有关党的十六大和十八大报道，并认为，西方媒体涉华报道在十年间发生了变化，报道视角从过去的俯视和轻蔑转变成了平视和理解，相应地，中国的国家形象也从最初的被边缘化和妖魔化，逐渐得到主流媒体的关注和一定程度的认可。

---

① 强月新，叶欣. 西方媒体对中国国家形象塑造的转变及其启示 [J]. 湖北大学学报（哲学社会科学版），2013，40（2）：101-106.

② 徐明华，王中字. 西方媒介话语中中国形象的"变"与"不变"：以《纽约时报》十年涉华报道为例 [J]. 现代传播（中国传媒大学学报），2016，38（12）：56-61.

但相反的观点也出现在其他学者的研究中。不管是英美澳主流报纸上所宣扬的中国环境威胁论，① 还是BBC打着《中国的秘密》这样的旗号拍出来的中国年轻人生活状态，② 都无不体现了西方和中国的意识形态差异，以及新闻报道/纪录片背后的偏见和敌视。这种情况在新冠疫情防控期间尤为明显，体现了西方社会占主导地位的政客和主流媒体心照不宣地对中国的肆意抹黑。③ 根据曾向红、李琳琳④的研究，历史上，西方主流媒体对华报道长期以负面报道为主：2008年至2012年，中国的崛起引起西方的对华猜忌；2012年至2018年，"过度自信"的中国激发西方的警惕；而2018年至2020年，西方主流媒体更是加剧了对华攻击，中国的"对手"属性得到了西方政客和媒体的明确接受。值得一提的是，英美主流媒体长期存在一种对非西方、非发达国家进行负面报道的倾向，这在其他国家学者的研究中也曾被指出。⑤

在这样的西方舆论环境下，借助西方媒体改善或提升中国形象基本是不可能的，只能寄希望于中国官方英文媒体。但正如学者所指出的，当前国际舆论格局中"西强我弱"的现象尚未得到明显改变，中国在国际上仍备受美西方话语的攻击与制约。⑥ 中国的国际媒体话语一直以来都处于被西方媒体挤压和扭曲的弱势状态。中国媒体缺乏应对国际事件的框架建构能力，在很多情况下没有充分考虑国际受众的接受程度，致使其展示的国际媒体话语没有

---

① 叶淑兰，王琤．西方媒体"中国环境威胁论"话语建构探析 [J]．国际论坛，2015，17（6）：45-51.

② 朱桂生，黄建滨．西方主流媒体视野中的中国青年形象研究：基于BBC纪录片《中国的秘密》的批评性话语分析 [J]．中国青年研究，2017（5）：106-111.

③ 郭之恩．议程设置的多元复杂组合：西方主要媒体关于中国新冠疫情防控报道的"实"与"不实" [J]．新闻战线，2020（13）：107-110.

④ 曾向红，李琳琳．西方对华舆论的演变与中国的应对策略 [J]．教学与研究，2020（10）：81-93.

⑤ LOSHITZKY Y. Ways of Seeing the Intifada：The Case of Nahalin [J]. Journal of Film and Video，1995，47（4）：33-45；ADEGBOLA O，SKARDA-MITCHELL J，GEARHART S. Everything's Negative about Nigeria：A Study of US Media Reporting on Nigeria [J]. Global Media and Communication，2018，14（1）：47-63.

⑥ 曾向红，李琳琳．西方对华舆论的演变与中国的应对策略 [J]．教学与研究，2020（10）：81-93.

足够的影响力与权威性。①

第三节　中国官方英文媒体研究

国内新闻传播领域针对中国官方英文媒体的研究并不多见，除了一些硕士论文②外，其他的研究大致可以划分为策略/建议、中美英文媒体对比、具体内容分析三个方向，但整体数量并不多。

针对目前官方英文媒体中存在的问题提出意见或建议，是已有研究中出现频率较高的一个议题。例如，房思金③提出，作为"中国文化走出去"的核心载体，英文媒体应该对我们的传统文化进行推广和宣传，将中国传统文化的精髓较好地传递出去，为国外受众了解中国传统文化提供学习平台。宋义国④认为，目前我国英文网络媒体国际话语权不够，仍需要不断创新思维模式，积极拓展信息渠道，建立完善的结构体系，以此来改善现状，提高国际话语权。杨莉⑤则认为，准确定位目标受众，并努力加强与受众的交流和互动，是提升我国英文媒体对外传播影响力的重要途径。在英文报纸和网站之外，也有学者关注英文电视媒体，例如，许庆庆⑥对我国的英文电视媒体内容进行了分析，认为英文电视媒体应积极完善渠道、内容、介质和受众四大要素的建设，以提升英文电视媒体影响力。

---

① 王建华，席静，康俊英．西方媒体框架桎梏下中国媒体话语权的建构：以"瑞典中国游客事件"为例［J］．北京第二外国语学院学报，2020，42（3）：34-47.
② 魏志赟．中英文媒体对丧文化报道偏见的话语分析［D］．武汉：武汉大学，2018；徐珉君．基于语料库的中印主流英文媒体"一带一路"话语建构研究［D］．杭州：浙江大学，2018；张雅萍．国内主流英文媒体中甘肃形象建构研究［D］．兰州：兰州理工大学，2020.
③ 房思金．英文媒体对我国传统文化对外传播的作用［J］．新闻战线，2016（16）：43-44.
④ 宋义国．加强英文网络媒体建构国家形象的力度［J］．新闻战线，2017（20）：45-46.
⑤ 杨莉．我国英文媒体对外传播影响力提升途径［J］．新闻战线，2017（16）：48-49.
⑥ 许庆庆．英文电视媒体的内容定位分析［J］．新闻战线，2018（18）：98-99.

中美英文媒体对比方面，陶国群①以《中国日报》和《今日美国》的网站为例，对中美主流英文媒体网站进行了对比。对比结果显示：在网站栏目设置上，二者风格类似；在网站盈利模式上，《中国日报》盈利手段单一，种类较少；而在多媒体报道方面，《中国日报》明显以文字为主，图片、音视频使用都相对较少。荣正浩和夏云②则选取《中国日报》、新华网和《人民日报》上有关中美经贸摩擦的报道为语料，与美国主流媒体的新闻报道进行对比，对比的焦点是报道中的互动式元话语。分析结果显示，中美两国主流媒体都通过"互动式元话语"来建立与读者的联系，劝说读者并使其产生共鸣与思考。但中美两国的英文报道在"模糊限制语"与"态度标记语"的使用上存在显著差异，中方较多使用态度标记语，而美方较多使用模糊限制语，其差异根源在于中美双方的宣传模式。

对中国官方英文媒体中的具体内容进行分析的研究数量较少，且研究对象相对集中，大都以《中国日报》为主。例如，原平方和杜广华③以议程设置为切入点，研究了《中国日报》2006年9月至11月的头版内容，认为在传达党的执政理念、展示中国的经济成就、真实反映人民生活方面，《中国日报》头版较好地传达了党、政府、人民的声音，但就与国内受众议程的切合程度而言，《中国日报》头版的媒介议程有明显的滞后和不足。李雁④对《中国日报》上有关政治常用语的使用及翻译进行了研究，并为如何提升传播效果提出了翻译策略上的建议。

整体而言，国内有关中国官方英文媒体的研究数量不多，学者意见也不统一。梁岩和谢飞⑤所著的《中国英文媒体概观》是为数不多的对我国官方

① 陶国群. 中美主流英文媒体网站对比：以《今日美国》、《中国日报》的网站为例 [J]. 青年记者，2012 (26)：94-95.

② 荣正浩，夏云. 中美主流媒体新闻报道互动式元话语分析：以中美经贸摩擦为例 [J]. 济宁学院学报，2020，41 (5)：33-40.

③ 原平方，杜广华. 中国大陆英文媒体的议程设置研究：以《中国日报》头版为例 [J]. 山西财经大学学报，2009 (S1)：282-283.

④ 李雁. 我国英文媒体报道中政治常用语及翻译策略研究：以《中国日报》为例 [J]. 出版广角，2016 (1)：51-53.

⑤ 梁岩，谢飞. 中国英文媒体概观 [M]. 北京：知识产权出版社，2010.

英文媒体进行介绍和回顾的专著，但学者对其评价不一。①

　　国外涉及中国官方英文媒体的研究也不多见。在斯科顿（J. F. Scotton）和哈腾（W. A. Hachten）所编撰的 *New Media for a New China* 一书中，有一个章节专门讨论了中国的英文媒体。② 阿尔瓦罗（J. J. Alvaro）③ 从社会语言学角度对中国英文媒体中的中式英语进行了分析，认为如果语言障碍与意识形态差异问题不能得到很好的解决，中国英文媒体未来将长期处于国际新闻领域的边缘，很难打入中心位置。此外，一些期刊论文虽然以中国英文媒体上的报道为语料④，但其关注更多的是报道所反映的文化、社会、政治和意识形态问题，而非媒体本身，故不在此讨论。

　　综上所述，目前国内外有关新闻报道中的情感研究已得到学者广泛重视，但已有新闻话语中的情感研究大多局限于中文文字报道，对官方英文媒体中的多模态文本涉及不多。大多数国内外学者都认为，西方主流媒体对包括中国在内的发展中国家存在明显偏见，报道失之偏颇，在短时间内不会发生较大改变。因此，应专注发展本国英文媒体，打通多种发声渠道。然而，目前国内外有关中国官方英文媒体的研究数量不多，学者有时意见不一，仍有待深入挖掘。基于此，本书将以中国官方英文媒体对国内突发事件相关报道为语料，关注其中的情感性表达及其传播效果，总结经验与不足，为今后的实践和研究提供借鉴。

---

① 辜晓进. 试谈中国英文媒体之现状：兼评《中国英文媒体概观》［J］. 新闻战线，2010（10）：76-78.

② KE G. English-Language Media in China ［M］//SCOTTON J F, HACHTEN W A. New Media for a New China. New York：John Wiley & Sons, 2010：183-197.

③ ALVARO J J. Analysing China's English-Language media ［J］. World Englishes, 2015, 34（2）：260-277.

④ YIN L G, WANG H Y. People-Centred Myth：Representation of the Wenchuan Earthquake in China Daily ［J］. Discourse & Communication, 2010, 4（4）：383-398；WANG G F. Legitimization Strategies in China's Official Media：The 2018 Vaccine Scandal in China ［J］. Social Semiotics, 2020, 30（5）：685-698；WANG G F, MA X Q. Representations of LG-BTQ+issues in China in Its official English-Language Media：A Corpus-Assisted Critical Discourse Study ［J］. Critical Discourse Studies, 2021, 18（2）：188-206.

第四节　本书的主要理论基础

自亚里士多德以来，说话者和作者所表达的情感与评价就一直为学者所津津乐道。在语言学领域，先后出现一些理论框架，试图囊括与情感和态度相关的语义和语法资源，例如，毕伯（D. Biber）及其同事①对立场（stance）的研究，马丁及其同事②对评价（appraisal）的研究，以及汤普森（G. Thompson）和赫斯顿（S. Hunston）③、汤普森和阿尔巴-胡（L. Alba-Juez）④对评判（evaluation）的研究，等等。

本书对中国成功应对重大突发事件国际话语中情感的分析主要以系统功能理论中的评价体系为基础，其中既涉及语言文字，也涉及新闻报道中的图片和以多模态形式呈现的纪录片。

---

① BIBER D, FINEGAN E. Styles of Stance in English: Lexical and Grammatical Marking of Evidentiality and Affect [J]. Text-Interdisciplinary Journal for the Study of Discourse, 1989, 9 (1): 93-124; CONRAD S, BIBER D. Adverbial Marking of Stance In Speech and Writing [M] //HUNSTON S, THOMPSON G. Evaluation in Text: Authorial Stance and the Construction of Discourse. Oxford: Oxford University Press, 2000: 56-73.

② MARTIN J R. Beyond Exchange: Appraisal Systems in English [M] //HUNSTON S, THOMPSON G. Evaluation in Text: Authorial Stance and the Construction of Discourse. Oxford: Oxford University Press, 2000: 142-175; PAGE R E. An Analysis of Appraisal in Childbirth Narratives with Special Consideration of Gender and Storytelling Style [J]. Text & Talk, 2003, 23 (2): 211-238; MARTIN J R, WHITE P R R. The Language of Evaluation: Appraisal in English [M]. Hampshire: Palgrave Macmillan, 2005; WHITE P R R. Appraisal: The Language of Evaluation and Stance [M] //ZIENKOWSKI J, ÖSTMAN J-O, VERSCHUEREN J. Handbook of Pragmatics. Amsterdam: John Benjamins, 2011: 14-36.

③ THOMPSON G, HUNSTON S. Evaluation: An Introduction [M] //HUNSTON S, THOMPSON G. Evaluation in Text: Authorial Stance and the Construction of Discourse. Oxford: Oxford University Press, 2000: 1-27.

④ THOMPSON G, ALBA-JUEZ L. Evaluation in Context [M]. London: John Benjamins, 2014.

一、评价体系

马丁等人的评价体系是对系统功能语言学（Systemic Functional Linguistics，SFL）人际意义的进一步发展。系统功能语言学的一个显著特点在于其对语言不同意义类型的兼顾。在系统功能语言学中，人际意义（interpersonal meaning）与概念意义（ideational meaning）、语篇意义（textual meaning）具有同等重要的地位。对于人际意义的研究大致沿两个方向开展，一个方向侧重于人际意义中的"inter-"部分，即"人际"中的"际"，关注对话中的话轮转换（turn taking）和话步（move）。另一个方向侧重于人际意义中的"personal"部分，即"人际"中的"人"，关注人情感的表达。前者构成了"协商"（negotiation）体系①，后者则构成了"评价"（appraisal）体系②。二者共同勾勒出语言中人际意义的实现和传递。③

评价体系关注语言使用中情感的表达和传递。系统功能语言学有关情感的系统性研究始于 20 世纪 80 年代马丁及同事在悉尼大学对叙事体裁的研

---

① MARTIN J R. Beyond Exchange：Appraisal Systems in English ［M］//HUNSTON S，THOMPSON G. Evaluation in Text：Authorial Stance and the Construction of Discourse. Oxford：Oxford University Press, 2000：142-175；MARTIN J R, ROSE D. Working with Discourse：Meaning beyond the Clause ［M］. 2nd ed. London：Continuum, 2007.

② MARTIN J R. Beyond Exchange：Appraisal Systems in English ［M］//HUNSTON S，THOMPSON G. Evaluation in Text：Authorial Stance and the Construction of Discourse. Oxford：Oxford University Press, 2000：142-175；MARTIN J R, WHITE P R R. The Mythological Role of Journalism ［M］. Hampshire：Palgrave Macmillan, 2005.

③ MARTIN J R. Once More with Feeling：Negotiating Evaluation ［J］. Language, Context and Text, 2019, 1（2）：234-259.

究①，随后在 20 世纪 90 年代有关新闻报道②、历史教材③和学术写作④的研究中得到进一步发展。评价体系的完整雏形由马丁在 2000 年首次提出，随后在马丁和怀特的专著中得到系统呈现。正如有学者所指出的，评论体系综合了以往语言学领域的多个研究内容：社会语言学中的强度（intensity）⑤，语料库语言学和互动语言学中的立场（stance）⑥，以及话语分析中的情感（emotion/affect）⑦。

除了具有较好的包容性，评价体系也是一个不断发展的理论。马丁⑧本人一直在根据新的语料和思想，对自己之前的理论进行修正和扩充。随着多模

① MARTIN J R, PLUM G. Construing Experience：Some Story Genres ［J］. Journal of Narrative and Life History（Special Issue Oral Versions of Personal Experience：Three Decades of Narrative Analysis），1997, 7（1-4）：299-308.

② FEEZ S, IEDEMA R, WHITE P R R. Media Literacy（Write It Right Literacy in Industry Research Project-Stage 2）［M］. Sydney：Metropolitan East Disadvantaged Schools Program, 1994.

③ COFFIN C. Constructing and Giving Value to the Past：An Investigation into Secondary School History ［M］//CHRISTIE F, MARTIN J R. Genre and Institutions：Social Processes in the Workplace and School. London：Cassell, 1997：196-230; COFFIN C. Historical Discourse：The Language of Time, Cause and Evaluation ［M］. London：Continuum, 2006.

④ HOOD S. Appraising Research：Evaluation in Academic Writing ［M］. London：Palgrave Macmillan, 2010.

⑤ LABOV W. Intensity ［M］//SCHIFFRIN D. Meaning, Form, and Use in Context：Linguistic Applications（Georgetown University Roundtable on Language and Linguistics）. Washington, D. C.：Georgetown University Press, 1984：43-70.

⑥ BIBER D, FINEGAN E. Adverbial Stance Types in English ［J］. Discourse Processes, 1988, 11（1）：1-34; DU BOIS J W. The Stance Triangle ［M］//ENGLEBRETSON R. Stancetaking in Discourse：Subjectivity, Evaluation, Interaction. Amsterdam：John Benjamins, 2007：139-182.

⑦ RUUSUVUORI J. Emotion, Affect and Conversation ［M］//SIDNELL J, SIRENS T. The Handbook of Conversation analysis. London：Blackwell, 2013：330-349.

⑧ MARTIN J R. The Discourse Semantics of Attitudinal Relations：Continuing the Study of Lexis ［J］. Russian Journal of Linguistics Vestnik RUDN（Special Issue Discourse Analysis in the 21st Century：Theory and Practice），2017, 21（1）：22-47; MARTIN J R. Interpersonal Meaning：Systemic Functional Linguistic Perspectives ［J］. Functions of Language（Special Issue Systemic Functional Linguistics and Interpersonal Grammar），2018, 25（1）：2-19; MARTIN J R. The Effability of Semantic Relations：Describing Attitude ［J］. Journal of Foreign Languages, 2020, 43（6）：2-20.

态的发展，评价体系被应用于多模态文本分析，逐渐形成了多模态评价体系①（具体论述见第五章）。此外，在发展的过程中，评价体系也与其他的理论进行融合，有了新的应用方向。例如，奥泰萨（T. Otei′za）② 回顾了评价体系在话语分析中的使用，一些学者③也将评价体系与专注知识创造、传播和学习的合法化语码理论（legitimation code theory，简称 LCT）相结合，等等。有关评价体系的最新发展，在其专门的网站上④可以获得更多的信息。

　　自从王振华⑤将评价体系引入中国后，评价体系在中国得到了迅速发展。根据布占廷和孙雪凡⑥的研究，截至 2020 年年底，中国知网上以"评价理论/体系"为关键词，一共可检索到 2292 篇文献，其中期刊论文 1390 篇，学位论文 902 篇，近几年平均每年出现相关论文 160 篇左右。在所有以评价体系

① ECONOMOU D. The Big Picture：The Role of the Lead Image in Print Feature Stories ［M］// LASSEN I, STRUNCK J, VESTERGAARD T. Mediating Ideology in Text and Image：Ten Critical Studies. Amsterdam：John Benjamins, 2006：211-233；ECONOMOU D. Photos in the News：Appraisal Analysis of Visual Semiosis and Verbal-Visual Intersemiosis ［D］. Sydney：University of Sydney, 2009；UNSWORTH L. Persuasive Narratives：Evaluative Images in Picture Books and Animated Movies ［J］. Visual Communication, 2015, 14 (1)：73-96；FENG D Z. Modelling Appraisal in Film：A Social Semiotic Approach ［D］. Singapore：National University of Singapore, 2014；FENG D Z, O'HALLORAN K L. Representing Emotive Meaning in Visual Images：A Social Semiotic Approach ［J］. Journal of Pragmatics, 2012, 44 (14)：2067-2084；FENG D Z, O'HALLORAN K L. The Multimodal Representation of Emotion in Film：Integrating Cognitive and Semiotic Approaches ［J］. Semiotica, 2013 (197)：79-100；YU H L, YANG T Y. Loving Mother VS. Controlling Mother：Visual Attitude and Reading Positions in the Short Film Bao ［J］. Social Semiotics, 2020, 32 (3)：1-19；冯德正, 亓玉杰. 态度意义的多模态建构：基于认知评价理论的分析模式 ［J］. 现代外语, 2014, 37 (5)：585-596.
② OTEI′ZA T. The Appraisal Framework and Discourse Analysis ［M］//BARTLETT T, O'GRADY G. Routledge Handbook of Systemic Functional Linguistics. London：Routledge, 2017：457-472.
③ DORAN Y J. Seeing Values：Axiology and Affording Attitude in Australia's "invasion" ［M］//MARTIN J R, MATON K, DORAN Y J. Academic Discourse：Systemic Functional Linguistics and Legitimation Code Theory. London：Routledge, 2020：151-176.
④ 评价理论网站：https：//www. grammatics. com/appraisal/。
⑤ 王振华. 评价系统及其运作：系统功能语言学的新发展 ［J］. 外国语（上海外国语大学学报）, 2001 (6)：13-20.
⑥ 布占廷, 孙雪凡. 基于 CiteSpace 的国内评价理论研究现状分析（2001—2020）［J］. 天津外国语大学学报, 2021, 28 (2)：146-157.

为基础进行的研究中，态度系统出现频率较高，是高频关键词之一。① 近几年以态度系统为基础进行的研究主要有胡美馨、黄银菊②对《中国日报》和《纽约时报》有关美军在利比亚军事行动报道中的态度资源运用对比研究，李响③对英语报刊社论中的态度研究，蒋国东、陈许④针对对外新闻中"一带一路"报道的研究，江潇潇⑤对斯里兰卡"一带一路"相关报道中的态度资源研究，黄芳⑥对死亡主题演讲中英文网络评论的态度比较研究，以及刘国兵、张孝莲⑦对《中国日报》有关"一带一路"倡议报道中态度资源的分析，等等。这些都属于评价体系中态度系统的应用研究，从某种程度上说明了该理论体系在新闻话语分析中的适用性。国内评价体系的最新发展以王振华等学者的研究为代表。⑧

汉语专著方面，早期比较有代表性的是刘立华⑨的《评价理论研究》，这是一部综合理论概述和应用分析的专著。随后，宋成方⑩和余樟亚⑪将评价体系应用到汉语研究，探索了汉语中评价资源的实现途径。赵民⑫将评价体系应

① 布占廷，孙雪凡. 基于 CiteSpace 的国内评价理论研究现状分析（2001—2020）[J]. 天津外国语大学学报，2021，28（2）：146-157.

② 胡美馨，黄银菊.《中国日报》和《纽约时报》态度资源运用对比研究：以美军在利比亚军事行动报道为例 [J]. 外语研究，2014（4）：24-30.

③ 李响. 基于语料库的英语报刊社论态度研究 [J]. 当代外语研究，2016（6）：47-53.

④ 蒋国东，陈许. 对外新闻中的"一带一路"：评价理论介入系统下的话语分析 [J]. 外语研究，2017，34（5）：6-9.

⑤ 江潇潇. 斯里兰卡"一带一路"相关报道态度资源研究 [J]. 解放军外国语学院学报，2018，41（6）：42-48，55.

⑥ 黄芳. 评价理论视角下死亡主题演讲中英文网络评论的态度比较研究 [J]. 解放军外国语学院学报，2019，42（1）：20-28.

⑦ 刘国兵，张孝莲. 中国媒体"一带一路"倡议报道中的态度资源分析：以《中国日报》为例 [J]. 西安外国语大学学报，2020，28（2）：15-21.

⑧ 王振华，瞿桃. 多模态语篇的评价研究：过去、现在与未来 [J]. 外国语，2020，43（6）：42-51；王振华，吴启竞. 元话语和评价系统在人际意义研究上的互补 [J]. 当代修辞学，2020（3）：51-60；王振华，李佳音. 高危话语与极端活动：基于评价性语言的心理实现性讨论 [J]. 当代修辞学，2021（2）：49-59.

⑨ 刘立华. 评价理论研究 [M]. 北京：外语教学与研究出版社，2010.

⑩ 宋成方. 评价理论视角下的情感意义研究 [M]. 北京：对外经济贸易大学出版社，2015.

⑪ 余樟亚. 现代汉语评价理论范畴化构建研究 [M]. 上海：上海交通大学出版社，2018.

⑫ 赵民. 英语报纸社论评价资源的分布研究 [M]. 上海：上海交通大学出版社，2018.

用于英文报纸中的社论分析，以期解释英文报纸社论语篇评价资源的分布特征，属于评价体系的应用研究。孙铭悦①则将评价体系置于语篇功能的关照之下，探索评价资源作为重要的语篇机制，如何实现论证和劝说的交际目的。彭宣维等②编撰的《汉英评价意义分析手册》则在其所建立的汉英对应评价意义语料库的基础上，详细确立了汉英评价意义的分析原则，书中有大量的解释和实例，可以为学者分析汉英语篇的评价意义提供参考。

随着社会的发展和交流方式的改变，关注人与人之间关系的人际功能得到越来越多的重视，系统功能语言学的人际功能已应用到世界上不同的语言类型。2021 年，剑桥大学出版社（Cambridge University Press）出版了马丁及同事③编撰的 *Interpersonal Grammar*（《人际功能语法》）一书，其中涉及人际功能在西班牙语、蒙古语、汉语、塔加洛语（Tagalog）、皮坚加加拉语（Pitjantjatjara）、葡萄牙语、不列颠手语（British Sign Language）、苏格兰盖尔语（Scottish Gaelic）中的实现方式。可以预见，在今后的研究中，人际意义（包括评价和态度）将是一个重要的话题。

二、社会符号学视角下的多模态研究

除了语言，本书还将涉及非语言的图片、声音等符号，即多模态文本。本书所进行的多模态研究以社会符号学为基础。一般认为，社会符号学（social semiotics）的概念始于韩礼德（M. A. K. Halliday）。虽然他主要以语言为研究对象，但韩礼德一开始就认为语言只是众多"社会符号"中的一种，在语言之外，人们还使用其他多种符号资源来传递意义。20 世纪 80 年代，在韩礼德思想的影响下，一批熟知系统功能语言学理论的学者开始将目光转向语言之外的其他符号，具有代表性的有范·卢文④（T. Van Leeuwen）对语音

① 孙铭悦. 评价的语篇功能研究［M］. 济南：山东大学出版社，2019.

② 彭宣维，刘玉洁，张冉冉，等. 汉英评价意义分析手册：评价语料库的语料处理原则与研制方案［M］. 北京：北京大学出版社，2015.

③ MARTIN J R, QUIROZ B, FIGUEREDO G. Interpersonal Grammar：Systemic Functional Linguistic Theory and Description［M］. Cambridge：Cambridge University Press，2021.

④ VAN LEEUWEN T. Impartial Speech - Observations on the Intonation of Radio Newsreaders ［J］. Australian Journal of Cultural Studies，1984，2（1）：84-99.

语调所传递意义的研究、对声音和音乐的研究①。同时，越来越多的学者开始将目光转向视觉作品的研究②，以及视觉艺术、雕塑和空间建构③。1990 年，*Social Semiotics*（《社会符号学》）创刊，为学者讨论系统功能理论在分析语言、视觉、听觉等符号资源中的应用提供了一个开放性平台。随着研究的深入，"多模态"（multimodality）一词正式出现④，用来强调现代作品中语言与图像、声音等模态共存的现象。多模态研究关注作品中不同模态之间的相互联系，强调模态之间的平等地位，以及对作品意义的共同创造。⑤

除系统功能理论外，在某种程度上，社会符号学也受到了巴黎结构主义符号学派，尤其是罗兰·巴特（Roland Barthes）思想的影响。但与传统的结构主义符号研究不同，社会符号学并不认为符号的能指（signifier）和所指（signified）之间的关系是任意的（arbitrary）。相反，社会符号学认为，所有的符号背后都有其"动机"（motivation）。在交际活动中，符号使用者会根据具体的语境，选择能够表达自己所要表达意义的符号，以合适的方式将符号呈现出来。因此，符号的使用和意义创造是一种社会行为，不同符号资源（视觉、听觉和语言）对意义的传递具有社会性。与传统的符号学研究相比，社会符号学具有以下特点：

（1）正如语言学的研究对象从"句子"转变到"语篇"再到"语境"一样，社会符号学的研究焦点也不再是单纯的"符号"，而是具体社会和文化语境中人们如何使用符号资源（semiotic resources）进行交际，如何对交际中所使用的符号资源进行解释。

（2）社会符号学研究的目的不是对不同的符号资源单独进行研究，提出所谓的"图像符号学""音乐符号学"等理论，而是将不同的符号资源进行

---

① VAN LEEUWEN T. Speech, Music, Sound [M]. London: Macmillan, 1999.

② HODGE R, KRESS G. Social Semiotics [M]. Cambridge: Polity Press, 1988.

③ O'TOOLE M. A Systemic-Functional Semiotics of Art [J]. Semiotica, 1990, 82 (3-4): 185-210; O'TOOLE M. The Language of Displayed Art [M]. Rutherford: Fairleigh Dickinson University Press, 1994.

④ VAN LEEUWEN T, JEWITT C. The Handbook of Visual Analysis [M]. London: Sage, 2000.

⑤ IEDEMA R. Multimodality, Resemiotization: Extending the Analysis of Discourse as Multi-Semiotic Practice [J]. Visual Communication, 2003, 2 (1): 29-57.

比较，以发现它们之间的共同点和不同点，并研究这些不同的符号资源如何在多模态作品中得到整合，传递完整的意义。

（3）社会符号学并不认为不同的符号资源具有与生俱来的某些特点或使用规则。相反，社会符号学关注的是在具体的社会和文化语境下，人们如何通过不同方式，在不同程度上对符号的使用做出规定。

（4）社会符号学本身也是一种观察和分析的行为，旨在帮助人们发现所处社会符号生产和解释活动的复杂性、社会对符号本身的干预和影响，发现新的符号资源，或开发已有符号资源的新用途。①

社会符号学区别于其他符号学研究的另外一个特点是其对韩礼德系统功能理论思想的吸收。韩礼德认为，作为一种社会符号，语言具有三大元功能，即概念功能、人际功能和语篇功能。这三大元功能在不同的语言中实现的方式可能会不同，却是不同语言都具备的最基本功能。相应地，社会符号学认为，图片、声音等符号资源也大致具有与语言相对应的三大元功能。首先，任何一种符号模态都能够表达人类对世界的经验。也就是说，能够对现实和虚拟世界中的人、物及其相互之间的作用进行展示，即具有概念功能。其次，任何一种符号模态都能够投射符号创造者/使用者和符号接收者之间的关系，也即具有人际功能。最后，任何符号模态都能够构建语篇，语篇之内的符号相互连贯，并与外部语境保持一致，也即具有语篇功能。不同元功能在不同符号中的实现方式不同，但这三种元功能却是不同符号都同时具备的基本功能。

截至目前，社会符号学的研究对象已经涉及各类视觉符号资源②，听觉符

---

① VAN LEEUWEN T. Introducing Social Semiotics ［M］. London：Routledge，2004.

② MARTINEC R. Types of Process in Action ［J］. Semiotica，2000，130 （3-4）：243-268；MARTINEC R. Interpersonal Resources in Action ［J］. Semiotica - La Haye Then Berlin，2001，135 （1/4）：117-146；MARTINEC R. Gestures That Co-Occur with Speech as a Systematic Resource：The Realization of Experiential Meanings in Indexes ［J］. Social Semiotics，2004，14 （2）：193-213；KRESS G，VAN LEEUWEN T. Reading Images：The Grammar of Visual Design ［M］. London：Routledge，2006；O'TOOLE M. The Language of Displayed Art ［M］. London：Routledge，2010.

号资源①，综合使用语言、视觉、听觉符号的多模态文本，如电影②、舞台表演③、绘本④、漫画⑤、网页⑥等。多模态作品中不同符号资源之间的相互关系⑦也是研究的一个重要方面。

本章对相关理论进行了简单综述，接下来的第三章到第八章是本书的分析章。第三章首先分析的是中国官方英文媒体中有关英雄和受害者的态度，其中包括对评价体系中态度系统的详细介绍。

---

① MACHIN D. Analysing Popular Music：Image，Sound and Text［M］. London：Sage，2010；VAN LEEUWEN T. Speech，Music，Sound［M］. London：Macmillan，1999；VAN LEEUWEN T. The Critical Analysis of Musical Discourse［J］. Critical Discourse Studies，2012，9（4）：319-328.

② BATEMAN J，SCHMIDT K H. Multimodal Film Analysis：How Films Mean［M］. London：Routledge，2013；BATEMAN J. Hallidayan Systemic-Functional Semiotics and the Analysis of the Moving Audiovisual Image［J］. Text & Talk，2013，33（4-5）：641-663.

③ TAN S，WIGNELL P，O'HALLORAN K L. Multimodal Semiotics of Theatrical Performances［M］//SINDONI M G，WILDFEUER J，O'HALLORAN K L. Mapping Multimodal Performance Studies. London：Routledge，2016：26-50.

④ PAINTER C，MARTIN J R，UNSWORTH L. Reading Visual Narratives：Image Analysis of Children's Picture Books［M］. Sheffield：Equinox，2013.

⑤ BATEMAN J，WILDFEUER J. Defining Units of Analysis for the Systematic Analysis of Comics：A Discourse-Based Approach［J］. Studies in Comics，2014，5（2）：373-403；VELOSO F，BATEMAN J. The Multimodal Construction of Acceptability：Marvel's Civil War Comic Books and the PATRIOT Act［J］. Critical Discourse Studies，2013，10（4）：427-443；TSENG C-I，BATEMAN J A. Cohesion in Comics and Graphic Novels：An Empirical Comparative Approach to Transmedia Adaptation in City of Glass［J］. Adaptation，2018，11（2）：122-143.

⑥ DJONOV E，KNOX J. How-to-Analyze Webpages［M］//NORRIS S，MAIER C D. Interactions，Images and Texts：A Reader in Multimodality. Berlin：Mouton de Gruyter，2014：171-194；ADAMI E. What's in a Click? A Social Semiotic Framework for the Multimodal Analysis of Website Interactivity［J］. Visual Communication，2015，14（2）：133-153.

⑦ ROYCE T D. Synergy on the Page：Exploring Intersemiotic Complementarity in Page-Based Multimodal Text［J］. JASFL Occasional Papers，1998，1（1）：25-49；ROYCE T D. Intersemiotic Complementarity：A Framework for Multimodal［M］//ROYCE T D，BOWCHER W L. New Directions in the Analysis of Multimodal Discourse. London：Lawrence Erlbaum Associates，2007：63-109；YU H L. One Page，Two Stories：Intersemiotic Dissonance in a Comic Adaptation of Journey to the West［J］. Social Semiotics，2021，31（4）：529-549.

第三章

中国官方英文媒体中的态度资源与英雄和受害者形象分析

新闻事件的主体是人，新闻报道通常是围绕不同的人物进行的。在突发性事件中，英雄和受害者是两种比较有明显特征的新闻人物。国内外有关灾难性事件中英雄和受害者的形象研究较多①，但从态度资源入手，关注中国官方英文媒体报道的研究并不多见。

本章以中国官方英文媒体相关报道为语料，以马丁的评价体系为基础，旨在分析报道中与英雄和受害者相关的态度资源在塑造人物形象中的作用。具体的研究问题如下：1. 新闻报道如何通过态度资源建构英雄的形象？2. 新闻报道如何通过态度资源建构受害者形象？3. 中国官方英文媒体中的英雄和受害者形象建构有何特点，背后可能存在何种文化心理因素？

本章第一节回顾国内外有关灾难性事件报道中的英雄和受害者研究，第二节介绍马丁评价体系中的态度资源，第三节对研究所涉及的语料和分析方

---

① KITCH C. Mourning in America: Ritual, Redemption, and Recovery in News Narrative After September 11 [J]. Journalism Studies, 2003, 4 (2): 213-224; FEBLOWITZ J C. The Hero We Create: 9/11 & The Reinvention of Batman [J]. Student Pulse, 2009, 1 (12): 1-11; KAJIMOTO M. Cultural Framing of 'Heroes' in Time of Crisis: A Comparative Analysis of Japanese and Western Media, Journalistic Practice, and Audience Response During Japan's 2011 Nuclear Crisis in Fukushima [D]. The 2012 Annual Conference of the Association of Asian Studies (AAS), 2012; 裴鸣，吴迪. 英雄人物家庭观念变迁研究：以《人民日报》灾难报道为例 [J]. 现代传播（中国传媒大学学报），2014, 36 (10): 167-168; 闫岩，邹文雪. 从"工友"到"他们"：建国以来特大事故对象指称词的变迁（1949—2016）[J]. 新闻与传播研究，2017, 24 (8): 38-54; 闫岩，邹文雪. 群像与独像：新世纪以来我国特大事故报道中的受难者形象 [J]. 国际新闻界，2018, 40 (6): 138-161.

法进行说明。第四节是本章的主体部分，是对分析结果的呈现与讨论。最后是本章的结语部分。

第一节　灾难性事件报道中的英雄和受害者

古今中外，英雄主义情结在不同文化中都有体现①，是远古神话的主要叙事母体之一②。作为大众叙事的一种，新闻报道也经常借鉴人类文化中有关英雄的隐喻，将之贯穿于新闻撰写始终。③ 在灾难性事件突发时刻，英雄人物不仅可以作为效仿的榜样，更能够鼓舞人心，给绝望中的人们带来希望。因此，在报道突发事件时，记者和新闻媒体都会尽量去寻找有代表性的"英雄"人物。

2004 年印度洋海啸发生之后，一名被派去报道的记者曾回忆，当时他和同事都觉得"需要在灾区报道一些能够让人'感觉好一些''能够给人带来希望'的人或事"④。基奇（C. Kitch)⑤ 曾对美国"9·11"事件之后三家新闻期刊的相关报道进行研究，即《时代》周刊（*Time*)、《新闻周刊》(*News-week*) 和《美国新闻与世界报道》(*US News & World Report*)。她的研究发现，在短时间内，这三家新闻周刊的报道不约而同地从主要关注事件影响和受害者，转向了对在现场进行救援的消防人员、志愿者的报道，从关注破坏和死

① CAMPBELL J. The Hero with a Thousand Faces ［M］. Princeton：Princeton University Press，2004；HOOK S. The Hero in History：A Study in Limitation and Possibility ［M］. New Brunswic：Transaction Publishers，1992；RANK O. The Myth of the Birth of the Hero：A Psychological Interpretation of Mythology ［M］. New York：Robert Brunner，1952.

② 邹建达，李宇峰. 英雄的叙事与叙事的英雄：论当代新闻叙事中的英雄母题与英雄情结［J］. 云南师范大学学报（哲学社会科学版)，2008 (3)：117-121.

③ LULE J. The Language of Evaluation：Appraisal in English ［M］. New York：Guilford Press，2001.

④ ANAND S. A Question of Representation ［J］. Nieman Reports，2005，59 (1)：67-69.

⑤ KITCH C. Mourning in America：Ritual，Redemption，and Recovery in News Narrative After September 11 ［J］. Journalism Studies，2003，4 (2)：213-224.

亡转向了弘扬无私奉献和国家希望。随后,费布洛维茨(J. C. Feblowitz)①
的文章则明确指出,"9·11"事件之后,美国媒体为读者创造出了一个个有
关英雄的神话,其中固然有事实的成分,但更多的是在面对未知、邪恶但又
强大敌人的威胁时,一个国家的媒体和民众的自然心理反应,民众需要有
"英雄"来和"敌人"对抗。同样,2005 年卡特里娜飓风和丽塔飓风先后对
美国佛罗里达、密西西比、路易斯安那和得克萨斯州等地造成破坏,美国联
邦应急管理局(Federal Emergency Management Agency)在其官网发布了几百
条信息,其中充斥着大量有关"超级英雄"(superhero)的报道。② 类似的情
况也出现在 2011 年日本福岛核电站核泄漏事件发生后的西方和日本媒体报道
中。③

　　在灾难性事件报道中树立、宣传典型人物,也是中国官方媒体常用的一
种方法。不管是 1998 年的洪水、2002 年至 2003 年的非典疫情、2008 年的汶
川大地震,还是 2020 年的新冠疫情,在及时提供相关信息的同时,媒体也都
报道了很多为应对突发事件而做出巨大贡献的人的故事,在引导舆论、安抚
人心方面产生了极大作用。帕格斯利④(P. C. Pugsley)曾分析中国官方媒
体对 1998 年南方大洪水、2001 年中美撞机事件和 2003 年非典疫情的报道,
认为"英雄叙事"是中国媒体在处理灾难性突发事件的一种常见手段。但这
种手段的有效性也并非没有受到质疑。吴元栋⑤曾质疑汶川地震早期报道中一
味拔高英雄人物、宣扬无畏精神和闪光思想的做法,认为这样报道的结果很
可能使人们对媒体所树立起来的英雄形象敬而远之。

---

① FEBLOWITZ J C. The Hero We Create:9/11 & The Reinvention of Batman [J]. Student
　 Pulse,2009,1(12):1-11.
② MURPHREE V,REBER B H,BLEVENS F. Superhero,Instructor,Optimist:FEMA and
　 the Frames of Disaster in Hurricanes Katrina and Rita [J]. Journal of Public Relations Re-
　 search,2009,21(3):273-294.
③ KAJIMOTO M. Cultural Framing of 'Heroes' in Time of Crisis:A Comparative Analysis of Jap-
　 anese and Western Media,Journalistic Practice,and Audience Response During Japan's 2011
　 Nuclear Crisis in Fukushima [D]. The 2012 Annual Conference of the Association of Asian
　 Studies(AAS),2012:1-27.
④ PUGSLEY P C. Constructing the Hero:Nationalistic News Narratives in Contemporary China
　 [J]. Westminster Papers in Communication & Culture,2006,3(1):78-93.
⑤ 吴元栋. 对报道抗震英雄的一丝隐忧 [J]. 新闻记者,2008(7):52.

　　另一方面，中国官方媒体报道中的英雄人物形象也不是一成不变的。裴鸣和吴迪①从历时的角度，以"家庭观念"为切入点，梳理了中国官方媒体灾难性事件报道中英雄人物塑造方式的变迁。例如，1998 年南方洪水报道中，英雄人物被刻画成毫无亲情、一心只为他人的形象，对家人缺乏温情；2003 年非典事件的报道中，英雄人物的家庭观有所改变，英雄人物开始表露出对家人的担忧和因职责而无法照顾家人的无奈，但这种情感表露通常是私下的、间接的；2008 年汶川地震的相关报道则给予英雄人物公开表露对家人情感的平台，英雄人物开始变得更加温情和真实；2010 年之后，主流媒体相继出现关注普通人物英雄、捕捉家庭日常交流中自然情感流露的倾向。这种英雄人物形象的变迁，体现了新闻传播观念的改变，使得报道内容更加真实可信。互联网时代，舆论引导的作用更为明显，官方媒体有关英雄人物的报道也会无形中影响广大网民对某一事件或人物的认知。②

　　与英雄人物相比，灾难性事件报道中的受害者形象研究并不多见。一般认为，对受害者的关注倾向于出现在灾难报道初期，通常与灾难性事件的影响（如因灾受伤、死亡、被迫撤离等）同时出现。对受害者进行报道的目的通常是引发读者同情，促使其捐款或以其他方式参与救援。③ 因此，对受害者的报道经常是有选择性的，一些事件中的受害者，如强奸案的受害者，通常不会出现在报道中。④ 以新华社有关中国特大事故报道为语料，闫岩和邹文雪⑤认为，新华社报道中受害者的形象经历了不同阶段，从 20 世纪 50 年代的阶级斗争工具化和 20 世纪六七十年代的空白化，到 20 世纪 80 年代的自然化和 20 世纪 90 年代的庸常化。进入 21 世纪，受害者形象才开始逐渐被人性化。

---

① 裴鸣，吴迪. 英雄人物家庭观念变迁研究：以《人民日报》灾难报道为例 [J]. 现代传播（中国传媒大学学报），2014，36（10）：167-168.

② MA Y B. Online Chinese Nationalism and the Discursive Construction of a Nationalist Hero: The Case of Jin Jing [J]. Languages, Cultures, Mediation, 2018, 5 (2): 97-114.

③ CHOULIARAKI L. The Spectatorship of Suffering [M]. London: Sage, 2006.

④ BREEN M D, EASTEAL P, HOLLAND K, et al. Exploring Australian Journalism Discursive Practices in Reporting Rape: The Pitiful Predator and the Silent Victim [J]. Discourse & Communication, 2017, 11 (3): 241-258.

⑤ 闫岩，邹文雪. 从"工友"到"他们"：建国以来特大事故对象指称词的变迁（1949—2016）[J]. 新闻与传播研究，2017，24（8）：38-54.

在一项后续研究中,他们还发现,即使是在 2000 年之后,特大事故报道中的受害者形象仍呈现群体描述多于个体刻画,呈现受害者多是为了表达对施救者(如政府部门或机构)的感恩①。

此外,英雄和受害者并不总是对立的,也可能会合二为一。已有研究②表明,某些受害者也会被赋予英雄的特征,被刻画成具有英雄色彩的受害者形象。

综上所述,以往有关灾难性事件中英雄和受害者的研究具有以下特点:大都从新闻传播的角度进行定性研究,较少从语言学,尤其是话语分析的角度进行定量研究。与中国相关研究的语料大都来自国内汉语媒体,很少涉及中国官方英文媒体的报道。再者,关注的焦点主要是通过行为描写刻画的人物形象,较少涉及报道者和他人对英雄和受害者的评价,以及英雄和受害者本人的情感流露。正因如此,本章研究将从话语分析的角度,运用评价体系中的态度系统,对中国官方英文媒体报道中的英雄和受害者形象进行分析。

第二节　评价体系中的态度

评价体系是对系统功能语言学人际意义的理论扩展。它由态度(attitude)、介入(engagement)和级差(graduation)三个子系统组成,其中态度系统是评价体系的核心,介入主要处理态度的来源,级差则用来测量态度的强度。

---

① 闫岩,邹文雪. 群像与独像:新世纪以来我国特大事故报道中的受难者形象 [J]. 国际新闻界,2018,40(6):138-161.

② LULE J. The Myth of My Widow: A Dramatistic Analysis of News Portrayals of a Terrorist Victim [J]. Political Communication, 1988, 5 (2): 101-120; WRIGHT S. "Ah... the Power of Mothers": Bereaved Mothers as Victim-Heroes in Media Enacted Crusades for Justic [J]. Crime, Media, Culture, 2016, 12 (3): 327-343.

马丁及其他学者①认为，人类态度可以再进一步划分为情感（affect）、判断（judgement）和鉴赏（appreciation）三类（如图 3-1 所示）。

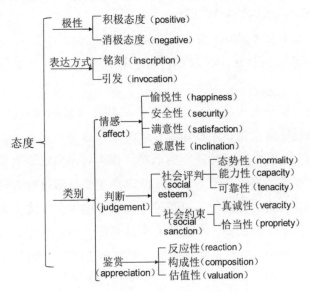

图 3-1　评价体系中的态度系统

情感（affect）系统涉及主体的主观感受，包括愉悦性（happiness）、安全性（security）、满意性（satisfaction）和意愿性（inclination）四种。愉悦性是情感系统的核心范畴。愉悦性包括两方面：一是说话人自己的心情，如高兴或难过；二是说话人对他人/物的感情，如喜欢或讨厌。安全性涉及说话人与周边自然或社会环境相关的平和或焦虑的情感。满意性涉及说话人对行动取得的成就或挫折所体会到的情感。意愿性涉及对即将发生事情的欲望（意

① MARTIN J R. Beyond Exchange：Appraisal Systems in English ［M］//HUNSTON S, THOMPSON G. Evaluation in Text：Authorial Stance and the Construction of Discourse. Oxford：Oxford University Press，2000：142 - 175；MARTIN J R. Close Reading：Functional Linguistics as a Tool for Critical Discourse Analysis ［M］//UNSWORTH L. Researching Language in Schools and Communities：Functional Linguistic Perspectives. London：Cassell，2005：275 - 298；MARTIN J R, ROSE D. Working with Discourse：Meaning beyond the Clause ［M］. London：Continuum，2007；MARTIN J R, WHITE P R R. The Mythological Role of Journalism ［M］. Hampshire：Palgrave Macmillan，2005.

愿）或恐惧（非意愿）。①

判断（judgement）主要用来对人或人的行为做出评价。评价的标准可以是社会评判（social esteem）或社会约束（social sanction），前者包括态势性（normality）、能力性（capacity）和可靠性（tenacity），后者包括真诚性（veracity）和恰当性（propriety）。态势性主要指人的行为是否正常，是否幸运或不幸，其行为是否符合常规或习惯。能力性主要指评价对象能力的强弱，包括其身体是否健康、是否聪明能干等。可靠性关注评价对象是否可靠、值得依赖。真诚性主要涉及评价对象是否诚实，而恰当性的判断标准是评价对象的行为是否受到社会道德或法律的谴责。

鉴赏（appreciation）系统主要用于评价人文和自然现象，可以进一步分为反应性（reaction）、构成性（composition）和估值性（valuation）。反应性涉及外界现象对我们的吸引力及其导致的情感反应。构成性关注的是我们对物体结构的评价，如物体的比例和细节，而估值性则用来表达我们对事物社会意义（非美学意义）的评估，涉及事物的重要性、价值、作用、影响和意义等。

态度可以是积极的或消极的，且可以通过不同的方式表达。如果态度是通过诸如"好"或"坏"这样的显性态度表达实现的，则属于"铭刻"（inscription）的态度。当态度通过诸如词汇隐喻或概念标记等方式间接表达出来，则属于"引发"（invocation）的态度。

表3-1列出了英汉语中经常用来直接表达（铭刻）不同态度的词语。

例如，句子"He is a *hero*"以铭刻的方式表达了对评价对象的积极判断，而句子"He *saved many people's lives*"则可以引发积极判断。在进行文本分析时，"铭刻"的态度通常可以指引我们对"引发"态度的解读。二者共同构成话语的评价韵律（appraisal prosody）②，引导读者对文本所描述的人物或现象进行评价。

① 彭宣维，刘玉洁，张冉冉，等. 汉英评价意义分析手册：评价语料库的语料处理原则与研制方案［M］. 北京：北京大学出版社，2015.

② HOOD S. The Persuasive Power of Prosodies：Radiating Values in Academic Writing［J］. Journal of English for Academic Purposes，2006，5（1）：37-49.

表 3-1　态度类别与典型实现方式举例（铭刻）

类别		正面	负面
情感	愉悦性	happy，like，高兴，喜欢	sad，cry，hate，伤心，厌恶
	安全性	confident，believe，信任，确信	worry，frightened，担心，不安
	满意性	satisfied，interested，称赞，好奇	displeased，angry，不满，气愤
	意愿性	want to，long for，想，渴望	afraid，fear，refuse，害怕，不敢
判断	社会评判 态势性	lucky，normal，幸运，知名	unlucky，odd，不幸，怪异
	社会评判 能力性	powerful，able，能干，聪明	weak，insane，笨，累，虚弱
	社会评判 可靠性	brave，loyal，勇敢，可靠	timid，reckless，粗心，不可靠
	社会约束 真诚性	honest，credible，坦诚，守信	lying，devious，欺骗，油滑
	社会约束 恰当性	moral，just，善良，无私	evil，greedy，邪恶，可耻
鉴赏	反应性	pleasing，pure，美丽，有趣	dull，ugly，丑陋，乏味
	构成性	neat，balanced，整齐，简洁	conflicting，messy，杂乱
	估值性	important，effective，重要，神圣	ineffective，bad，无效，不利

　　评价体系的提出和发展一直与新闻报道这一体裁密切相关。评价体系发展早期，马丁[①]曾将其应用于分析一篇发表于"9·11"恐怖袭击之后的编辑评论，剖析该语篇如何运用各种态度资源，以实现引发读者情感共鸣、吸引不同背景读者在突发事件前团结一致的目的。随后，贝德纳雷克（M. Bednarek）[②]将评价运用到新闻报道研究，费兹（S. Feez）、艾德玛（R. Iedema）和怀特[③]对新闻报道中评价资源的分析进一步推动了态度系统中判断的发展。此外，也有学者将评价体系中的态度用于新闻报道中客观性和主观

① MARTIN J R. Mourning：How We Get Aligned［J］. Discourse & Society，2004，15（2-3）：321-344.
② BEDNAREK M. Evaluation in Media Discourse：Analysis of a Newspaper Corpus［M］. London：Continuum，2006.
③ FEEZ S，IEDEMA R，WHITE P R R. Media Literacy（Write It Right Literacy in Industry Research Project-Stage 2）［M］. Sydney：Metropolitan East Disadvantaged Schools Program，1994.

性的分析①，以及报道的立场和倾向②等。

　　评价体系也得到国内学者的青睐，并经常被用于新闻报道的研究。如朱玮、武学军③和马卫萍④运用评价体系，对马航新闻报道话语中出现的问题进行了分析，钱建伟和劳（R. Law）⑤对《纽约时报》有关中国游客的新闻报道进行了分析，认为近年来报道中出现了由聚焦消极形象到关注积极行为的转变。李君⑥分析了《中国日报》《纽约时报》和《卫报》中有关马航失联事件的报道，关注报道中"他者"声音如何帮助实现评价功能，传递报道者的态度。潘艳艳、董典⑦以美国主流媒体有关 2016 中俄军演的相关报道为语料，分析了新闻报道如何通过使用具有消极评价意义的词汇，隐晦地表达作者的立场，引导读者的观点。焦俊峰⑧则聚焦《纽约时报》和《金融时报》对阿里巴巴"假货"事件的报道，以裁决和级差为视角，分析两个媒体对各新闻主体之间冲突型关系的不同立场。这些研究表明，评价体系也同样适用于汉语新闻报道和与中国相关的国际媒体报道的研究。

---

①　SABAO C. Arguments for an Appraisal Linguistic Discourse Approach to the Analysis of "Objectivity" in "Hard" News Reports ［J］. African Journalism Studies，2016，37（1）：40-63.

②　ENGELBRECHT A. An Appraisal Theory Approach to News Reports on Rhino Poaching in South Africa ［J］. Language Matters，2020，51（1）：86-112.

③　朱玮，武学军. 评价理论视阈下马航新闻报道话语得失原因探析 ［J］. 新闻知识，2014（11）：24-26.

④　马卫萍. 基于评价理论的新闻报道分析：以马航 MH370 客机失事报道为例 ［J］. 新闻战线，2015（12）：26-27.

⑤　钱建伟，LAW R. 基于评价理论介入系统的积极话语分析：以关于中国游客的评论性新闻报道为例 ［J］. 广西社会科学，2016（6）：167-171.

⑥　李君. 突发事件新闻报道中"他者"声音的态度评价研究 ［J］. 外语研究，2017，34（6）：43-47.

⑦　潘艳艳，董典. 美国主流新闻媒体建构中国形象和大国关系的话语策略研究：以 2016 中俄联合军演的相关报道为例 ［J］. 西安外国语大学学报，2017，25（3）：50-56.

⑧　焦俊峰. 基于评价理论的冲突型新闻话语主体构建对比研究 ［J］. 西安外国语大学学报，2020，28（3）：33-37.

第三节 语料和研究方法

本章研究的语料主要来自中国官方英文报纸 *China Daily*（《中国日报》）和 Xinhua News（新华网）网站，并涉及少量其他媒体的报道。语料收集主要通过网站上的"高级检索"功能，设置特定检索词进行检索。本章的语料收集共分为三次，收集方法和所用检索词详见表3-2。

表3-2 语料收集的三个阶段

	时间范围	来源	标题关键词	全文关键词
第一次收集	2001—2020年	*China Daily*, Xinhua News	至少包括其中之一：hero, heroes, victim, victims	至少包括其中之一：hero, heroes, victim, victims
第二次收集	2001—2020年	*China Daily*, Xinhua News, Web News, *Business Weekly*	至少包括其中之一：save, saves, saved, help, helps, helped	至少包括其中之一：save, saves, saved, help, helps, helped
第三次收集	2001—2020年	*China Daily*, Xinhua News	至少包括其中之一：disaster, flood, fire, earthquake	/

《中国日报》是中国官方英文日报，创刊于1981年，是国外媒体转载率最高的中国报纸。新华网是中国主要重点新闻网站，2010年推出英文版，2017年年初英文版改版升级。新华网是全球网民了解中国新闻的重要渠道。二者在中国官方英文媒体中具有代表性，其对国内灾难性事件的报道承担着向国际读者提供最新信息，塑造中国政治、文化形象的责任。

检索后获得的有关英雄和受害者的报道构成了本章的分析语料，其中有关英雄的报道78篇，有关受害者的报道95篇，具体详见表3-3。

表 3-3 英雄和受害者语料构成

报道来源	有关"英雄"的报道	有关"受害者"的报道
《中国日报》英文版	56	78
新华网英文版	15	16
其他	7	1
总计	78	95

语料收集完成之后，对语料进行整理、归类，并将语料导入 UAM 分析软件。UAM 内已有内置的评价体系分析框架，本章分析只涉及其中的态度系统，包括态度的类型，即情感、判断和鉴赏及其具体分类；态度的极性，即积极还是消极态度；态度的表达方式，即直接表达还是间接表达。在 UAM 已有分析框架的基础上，根据本书的需要，笔者在 UAM 内添加了对情感和判断的主体和对象的分类，即情感主体进一步分为"英雄的情感""受害者的情感"和"其他人的情感"，判断对象进一步分为"对英雄的判断""对受害者的判断""对其他人的判断"。这些类别的添加有助于精确识别语料中直接与英雄和受害者相关的态度。

分析全部手工完成，首先由一名研究助理分别对"英雄"和"受害者"文本进行分析，在分析完成 1 个月之后由同一名研究助理进行二次分析，以保证分析标准的统一性。经过二次分析的分析结果由笔者进行逐一核对，在出现异议时与研究助理讨论并确定最终分析方案。具体分析过程如图 3-2 所示。图中的"hero_ judgement"表示这是针对英雄及其行为所做的判断。

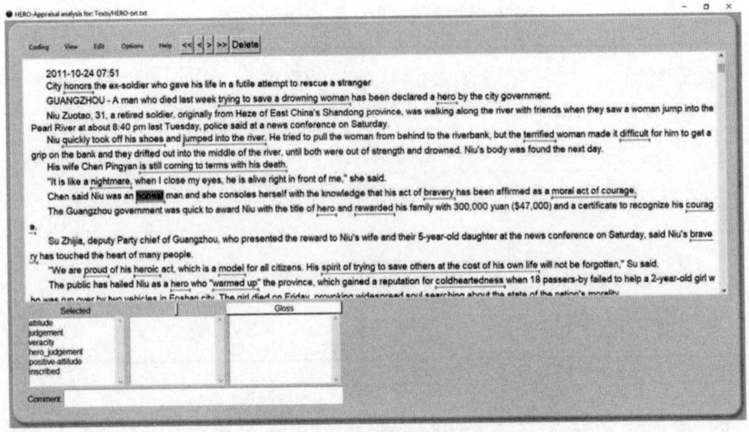

图 3-2　使用 UAM 对语料进行态度分析

态度分析的单位基本上以单词或短语为主，因此，分析过程中，经常会出现同一个句子中的不同词汇/短语同时表达了不同态度的情况。以下句为例：

（1）He *braved* flying stones and assaults，and *walked for more than two hours* on street *to get the children back safe and sound*，when the situation was *most dangerous.*

在这个句子中，"braved" 表达的是态度系统中的判断（可靠性），而且是直接表达的积极态度。"walked for more than two hours" 以一种间接的方式表达了报道者对人物的积极判断（可靠性）。同样，"to get the children back safe and sound" 也以间接的方式表达了对人物能力的积极判断。而句子结尾的 "dangerous" 则是对当时情况的消极鉴赏。

第四节　分析结果与讨论

提取语料中所有与英雄和受害者相关的态度，得出的分析结果如图 3-3 所示。

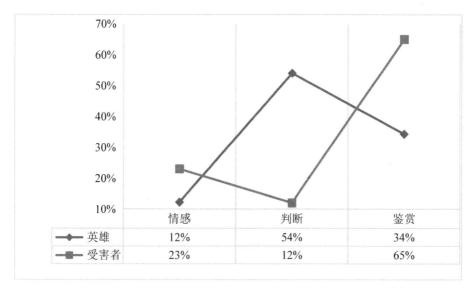

	情感	判断	鉴赏
英雄	12%	54%	34%
受害者	23%	12%	65%

图 3-3　与英雄和受害者相关的态度汇总

图 3-3 显示，在与英雄相关的态度中，判断（54%）占主导地位，其次为鉴赏（34%），英雄直接表露的情感最少（12%）。而在与受害者相关的情感中，鉴赏最多（65%），其次为受害者本人的情感（23%），对受害者的判断最少（12%）。因为鉴赏主要与人文和自然现象相关，并不直接涉及人或人的行为，因此，接下来的讨论将主要关注情感和判断。

一、对英雄的判断

将新闻报道中所有对英雄的判断提取出来，汇总后的结果详见表 3-4。

表 3-4　新闻报道中对英雄的判断

判断类别、极性与表达方式			出现次数	所占比例
判断类别	社会评判	态势性	18	4%
		能力性	75	16%
		可靠性	141	30%
	社会约束	恰当性	226	49%
		真诚性	5	1%

续表

判断类别、极性与表达方式		出现次数	所占比例
判断极性	积极判断	445	96%
	消极判断	20	4%
表达方式	铭刻	267	57%
	引发	198	43%
总计		465	100%

表3-4显示，新闻报道中对英雄的判断中，社会评判和社会约束各占50%，其中出现频率较高的有行为的恰当性（49%）、可靠性（30%）和能力性（16%）。态度类型方面，96%的判断属于积极态度。态度的表达方式方面，铭刻的态度（57%）稍多于引发的态度（43%）。下面将按照出现频率较高的判断类别，即恰当性、可靠性和能力性，具体讨论报道中对英雄的判断。

（一）恰当性：突发事件中善良、无私的英雄

恰当性主要涉及判断人及其行为是否符合社会道德和法律规范，是否值得赞扬或效仿。在新闻报道中，有关英雄行为恰当性的判断主要聚焦英雄人物内心的善良和对旁人的无私奉献精神。例如，2020年《中国日报》对上海15岁高中生盛晓涵的英雄事迹进行了报道。作为一名高中生，盛晓涵使用教科书式的急救技巧把因心肌梗死倒在路边的老伯救了回来。在采访他的同班同学时，同学对他做出了以下评价：

（2）"He is *outgoing* and *kind*. He always steps up whenever people need help，like when he operates projection equipment for teachers or helps me study，" said classmate Hu Zhixiang. "He is a *role model* for me now."

在这些话中，斜体部分，即outgoing、kind和role model属于直接铭刻的判断，画线部分"always steps up whenever people need help"属于间接引发的判断，凸显的都是英雄行为的恰当性。报道中其他一些聚焦妥当性的典型例子如下：

（3）According to the villagers, Wang was always ready to lend a hand…
"He often *offered help* to our community. <u>When roads and bridges were being
built, he raised funds and inspected the construction without any pay</u>," Wu
Pinghua, a local villager was quoted as saying.

（4）One of his co-workers described Xu as a *humble* and *warmhearted*
man, who <u>often uses his spare time to voluntarily work for the railway station</u>.

（5）Losang has always been a *warm-hearted* man. After the *heroic* deed,
people got to know that Losang <u>has supported 13 impoverished elderly people
living in solitude</u>… He <u>also set up a small mineral water plant in Ali Prefecture
to create jobs for local herdsmen to improve their lives</u>.

（6）One of China's richest women has *donated* 1 million yuan (US
＄123,000) worth of aid to a disaster relief fund and it is biggest ever bulk do-
nation since the charity driver was launched.

从这些例子中可以看出，恰当性可以通过直接或间接引用旁人对英雄人
物的评价来实现（例3和例4），也可以通过报道者对英雄人物行为的直接描
写实现（例5和例6），且铭刻的判断与引发的判断倾向于同时出现，通过直
接的铭刻来指引读者正确解读引发的态度。值得一提的是，例6中提到的 do-
nate（捐赠），在对恰当性行为的描述中反复出现，既有亿万富翁进行大手笔
的捐赠，也有普通市民，甚至学生，极尽所能，为抗震救灾贡献自己的力量。
与其他需要专业技能的行为相比，心存善良、乐善好施不仅更与普通读者的
生活紧密相关，更是普通人很容易就可以效仿的英雄行为，是一个社会整体
良好风气的反映。

（二）可靠性：突发事件前勇敢、不畏艰难的英雄

报道中有关英雄人物可靠性的判断主要集中在人物面对险境时的勇敢
（bravery）、不畏艰难（heroic）和内心坚定（determined）这几方面：

（7）"My original aspiration of becoming a Communist Party of China
member, and also the responsibility I shoulder, enable me to *brave* the risk of

infection and keep fighting the virus," she said on WeChat Moments.

(8) Chen said Niu was an honest man and she consoles herself with the knowledge that his act of *bravery* has been affirmed as *a moral act of courage*.

(9) "We are proud of his *heroic* act, which is a model for all citizens. His spirit of *trying to save others at the cost of his own life* will not be forgotten," Su said.

例 7 来自《中国日报》对新冠疫情防控期间一名医护人员的报道，例 8 和例 9 则来自关于广州 31 岁的牛作涛勇救落水人员不幸牺牲的报道。在这些报道中，突出了英雄人物面对危险时的勇敢（bravery, courage, heroic）。

此外，侧重勇敢的可靠性也是与 hero（英雄）这一称呼共现最多的判断类别。在所有有关英雄的报道中，直接称呼某人为英雄的句子一共出现了 29 次，且大都与对其英勇品质的描写同时出现。如例 10：

(10) Few people would dare to catch an object that weighs 55 kilograms falling from the fifth floor. But Xie Shangwei, 29, did not hesitate to open his arms when a teenager in his neighborhood dropped from that height... Xie, hailed as a "*hero*" by local residents after the accident...

例 10 中，谢尚威伸开双臂勇救 15 岁坠楼少年，对他的勇敢的描写以一个对比展开：如果一个重达 55 公斤的物体从 5 楼落下，估计很少有人敢伸手去接，但当少年从楼上坠落时，谢尚威没有任何犹豫。这一对比的作用在于以间接方式引发读者对谢尚威勇敢品质的判断。随后，报道中直接写道，谢尚威被当地人称为"英雄"。因此，新闻报道除了强调上一小节提到的善良、乐于助人的品质，同时也有意突出英雄在险境中无比勇敢的特点。

（三）能力性：具备专业知识能力的英雄

在恰当性和可靠性之后，出现较多的判断还有能力性。能力性主要关注人物所具备的能力。在所收集到的有关英雄的报道中，对英雄能力性的判断主要集中在英雄人物的专业能力上，其中出现频率较高的词语有 skilled/experienced（有经验的）、professional（专业的）和 successful（ly）（成功的/地）。如以下例子所示：

（11）Zhao Jiannong, Party chief of the hospital, said that Xiao is a *skilled*, *intelligent* and courageous doctor in the style of famed Canadian physician Norman Bethune.

（12）Zhang is an *experienced* doctor. She worked at Guangdong Secondary Provincial Hospital in Guangzhou, Guangdong's capital, treating patients infected during 2003 outbreak of severe acute respiratory syndrome.

（13）Despite being an amateur fireman, Ruan's experiences are quite *professional*. Since he established a voluntary fire brigade with his three sons and two neighbors in 1989, the team has put out 156 fires for villagers.

（14）After hours of work in the debris, Zhu's clothes are tattered, his ankle and legs lacerated, and some wounds appeared to be festering. But with calm and composure, Zhu *successfully* led the rescue of a buried nurse.

从这些例子中也可以看出，强调专业能力的判断主要出现在对某些行业英雄的报道中，如医生和消防员。但在报道普通英雄时，与能力性有关的词语也偶尔出现，如拯救落水女子的普通英雄牛作涛，平时就很擅长游泳，之前还曾成功救起过别人（good at swimming and had saved a few people in the past）。

二、英雄的情感
对所有报道中英雄所表露的情感进行分析，分析的结果详见表3-5。

表 3-5　新闻报道中英雄的情感

情感类别		出现次数	所占比例（%）
情感	愉悦性	33	29
	安全性	31	27
	满意性	17	15
	意愿性	34	29
情感极性	积极情感	76	66
	消极情感	39	34
表达方式	铭刻	105	91
	引发	10	9
总计		115	100

表 3-5 显示，新闻报道中英雄所表露的情感对情感的四种类别，即愉悦性、安全性、满意性、意愿性都有所涉及，其中出现频率较高的是愉悦性（29%）、意愿性（29%）和安全性（27%）。积极情感（66%）所占比例高于消极情感（34%），且绝大多数情感是通过情感性词汇或短语直接表达的（铭刻，91%）。

报道中有关"愉悦性"的情感大都出现在英雄完成任务之后，表达自己对能够拯救他人的喜悦之情。其中出现频率较高的词汇有 happy、joy（joyful）、delighted 等，如下面的例子所示：

（15）He said he is *happy* to contribute to the fight against the epidemic.

（16）Zhou says he is always ready to face more disasters. "The *joy* I get from saving people is enough to keep me going."

（17）Dr Xu Junmei was so *happy* when the first 28 patients who had displayed mild symptoms of the novel coronavirus were discharged from Wuchang Fang Cang makeshift hospital on Feb 11 after treatment.

在这些例子中，医护人员都因为自己能够帮助病人康复而觉得高兴，这些积极的情感或是通过对英雄本人的话进行直接或间接引用来表达，或通过报道者观察，以描述的方式进行说明（例 17）。

报道中，意愿性主要是关于英雄内心的希望和愿望，其中常见的表达方式有 want to、hope 等，也经常通过直接引语的方式来实现，如下面的例子所示：

（18）"It's boring to lie in bed all day, every day. I *want to* walk as soon as possible," Li told *China Daily*. She said despite her injury she still thinks it was the right thing to do.

（19）"And I *hope* I could hug my family members and kiss my daughter after we win this battle," she added.

安全性主要是关于人的信心或焦虑。新闻报道中，英雄人物也经常表达自己内心坚定的信念，或自己在拯救他人过程中的担忧和惊讶，如下面的例子所示：

（20）"No difficulties can't be resolved if everyone offers a helping hand to the needy," said Chan, 64, who *believed* that more entrepreneurs and people would follow her lead in the near future.

（21）"I *believe* anyone would do the same for me," he said, refusing the reward from the family and continuing his delivery service.

（22）*To my surprise*, the woman was six months pregnant, and she told me that she had a fierce argument with her husband. She decided to end her life by drowning.

这些例子中，believe 是积极的情感，即对某件事充满信心，而 to my surprise 则是消极的情感，是对某件事感到惊讶。实际上，除了安全性，消极的情感也同样出现在报道中，英雄人物同样也会表达自己的不高兴和不情愿，如下面的例子：

(23) "When I was young, I saw happy families torn apart by flames. I was so *sad* that I decided to establish the brigade," said Ruan.

(24) "As a doctor, the battlefield can be everywhere," Zhang said in a petition she wrote when she volunteered for the job. She decided not to tell her husband about the petition, as he is a neurosurgeon at the same hospital and she *didn't want* him to worry about her.

在例 23 和例 24 的句子中，英雄所表达的情感是消极的。在整个语料中，英雄的消极情感所占比例为 34%，这与对英雄的判断形成了鲜明对比。从上一小节可以获知，对英雄的判断中，积极判断占比高达 96%。也就是说，新闻报道在描写英雄的情感时，既有对其积极情感的描写，也有对其消极情感的描写，具有写实性，也更为真实。

三、受害者的情感与判断

在所收集语料中，受害者的情感占比为 23%。相比之下，对受害者及其行为的判断只占 12%。也就是说，情感资源的使用要多于判断资源的使用。接下来将先讨论报道中受害者所表达的情感，然后再讨论对受害者及其行为的判断。

对所有语料中受害者所表达的情感进行汇总，得到的结果详见表 3-6。

表 3-6　新闻报道中受害者的情感

情感类别		出现次数	所占比例（%）
情感	愉悦性	45	33
	安全性	36	27
	满意性	24	18
	意愿性	29	22
情感极性	积极	50	37
	消极	84	63

续表

情感类别		出现次数	所占比例（%）
表达方式	铭刻	123	92
	引发	11	8
总计		134	100

由表 3-6 可以看出，受害者所表达的情感涉及了愉悦性、安全性、满意性和意愿性，其中出现频率较高的依次是愉悦性（33%）、安全性（27%）和意愿性（22%）。与上节所讨论的英雄所表达的情感不同，受害者所表达的情感中，消极情感（63%）多于积极情感（37%）。绝大多数情感也是通过词汇或短语直接表达的（铭刻，92%）。

对语料进行详细分析发现，突发性事件中受害者的积极或消极情感主要通过其动作（如哭泣）或直接表露自己情感的直接引语，或其他人（如拯救受害者的英雄人物）对受害者情感的描述来实现。例如，其中一些涉及情感的句子如下：

（25）"Most of the village was gone, and homeless villagers were *crying* for their loss," he said.

（26）Zeng Xiaoping, the girl's father, is also *grateful* for Li's brave deed. "It would have been my daughter's head instead of her legs that was run over if Li didn't push her away," he said.

（27）"She has a long way to go. I'm *worried* that she will be self-conscious about her prosthetic leg," Yao said, holding back her tears as she showed China Daily photos of her daughter smiling and dancing.

（28）Guo Xiaoguang, who was one of the patients saved by Lin, said: "We were all *desperate* when the fire broke out and corridors filled with heavy smoke. We thought we were definitely going to die and some even wanted to jump out of the window."

（29）"He braved flying stones and assaults, and walked for more than two hours on street to get the children back safe and sound, when the situation was most dangerous," said the *grateful mothers with tears welling up*.

在例 25 中，自然灾害受害者的情感通过其动作（crying）得以体现。例 26、例 27 和例 28 是受害者的家人接受采访时，对记者所讲述的自己内心的感受，有对英雄的感激，也有对受害者的担忧，还有自己处于危险状况下的绝望。值得一提的是，例 29 将对英雄的判断（braved）、对当时情况的鉴赏（the most dangerous）和被救者家人的感激（grateful，tears）融合在一起，在一个句子中同时体现了三种不同的态度。

所收集新闻报道中，对受害者及其行为的判断情况详见表 3-7。

表 3-7　新闻报道中对受害者的判断

情感类别		出现次数	所占比例（%）
社会评判	态势性	29	43
	能力性	18	27
	可靠性	12	18
社会约束	恰当性	8	12
	真诚性	—	—
判断类型	积极态度	24	36
	消极态度	43	64
表达方式	铭刻	58	87
	引发	9	13
总计		67	100

表 3-7 显示，新闻报道中对受害者的判断主要集中在态势性（43%），其次是能力性（27%）。消极判断（64%）多于积极判断（36%），且也主要是通过词汇或短语直接实现的（铭刻 87%）。具体而言，态势性主要关注人物及其行为是否不同寻常，而能力性关注人物的能力。仔细观察语料可以看到，在对受害者做出判断时，报道中倾向于突出受害者的不幸处境及其无能为力的状况。一些例子如下：

（30）Many Tibetan mastiffs are *homeless*, as 90 percent of the houses collapsed in Gyegu town of the Tibet autonomous prefecture of Yushu in Qinghai province in the earthquake.

（31）From her, Chen got to know that the village was still very *poor* and there were no schools.

（32）Another problem was that some villagers were *illiterate* and had to depend on others to vote.

（33）For those *unable* to easily access online shopping, Tian helps organize purchases of daily necessities through group buying.

这些例子中的判断都是对受害者及其处境的消极判断。很多时候，正是因为受害者处于不幸或无力改变现状，才需要其他人的救助。也就是说，报道中针对受害者和英雄的态度资源是相互关联的。

四、分析汇总与讨论

从前面小节的讨论中可以看出，在与英雄相关的态度中，对英雄的判断和英雄本人的情感占绝大部分（66%），远高于对事物的鉴赏（34%）。在与人相关的态度资源中，对英雄的判断（54%）高于英雄直接表露的情感（12%），且积极态度（94%）远高于消极态度（6%）。与此相对，在与受害者相关的态度中，对事物的鉴赏（65%）出现频率最高，高于与受害者直接相关的态度（35%）。而即使在与受害者直接相关的态度中，出现较多的是受害者本人的情感（23%），对受害者的判断出现较少（12%），且不管是情感还是判断，消极态度（65%）高于积极态度（35%）。具体而言，与英雄相关的态度倾向于突出英雄在突发灾难性事件中善良、无私奉献、不畏牺牲的精神。当英雄表露情感时，则主要是对能够帮助他人而产生的喜悦之情。而与受害者相关的态度倾向于描述受害者处于危境时的害怕、担忧和获救之后的感激。对受害者进行判断时，报道则倾向于强调受害者的不幸处境及其无能为力的状况。

首先，整体上讲，中国官方英文媒体报道中有关英雄的态度资源高于受害者，其背后的原因可能在于媒体报道中的英雄主义情结或英雄中心主义，即在灾难性事件发生之后，对英雄的关注高于受害者。这一情况，在闫岩和邹文雪①的研究中也有所提及。本章分析还发现，即使是与受害者相关的态度，很多时候也是为突出英雄人物的形象而服务的，例如，受害者处于不幸而英雄伸出援手，受害者害怕而英雄勇于救人，等等。这与国外英文媒体在灾难性事件发生初期关注受害者，通过描述受害者的处境而引发读者情感共鸣的做法是不同的。

其次，在与英雄相关的态度中，对英雄不顾个人安危、勇于牺牲品质的赞扬出现频率较高。这一情况与中国传统文化中提倡集体主义，为大家舍小家的精神相契合，对国内读者也能起到很好的教育作用。但正如有学者②指出的，在这一点上，中国文化与西方文化差异较大。推崇个人主义的英语读者可能很难理解，为什么中国的报道中，总是充满了不畏生死、为他人而牺牲自己的英雄人物。也就是说，这些情感态度是否能够得到英语读者的理解和接受，可能是一个值得思考的问题。

结语

本章选取了中国官方英文媒体（尤其是《中国日报》）中与英雄和受害者相关的报道，并对报道中与二者相关的态度资源进行了分析。分析发现，与英雄相关的态度资源远多于与受害者相关的态度资源，且与英雄相关的态度资源中积极态度占绝大多数，而与受害者相关的态度资源中，消极态度多于积极态度。这些倾向一方面与学者③所指出的国际英文媒体运用英雄主义鼓

---

① 闫岩，邹文雪. 从"工友"到"他们"：建国以来特大事故对象指称词的变迁（1949—2016）［J］. 新闻与传播研究，2017，24（8）：38-54.

② 张小梅，牛书田. 中美媒体英雄报道的差异及成因［J］. 青年记者，2017（6）：48-49.

③ KITCH C. Mourning in America：Ritual, Redemption, and Recovery in News Narrative After September 11［J］. Journalism Studies, 2003, 4（2）：213-224；FEBLOWITZ J C. The Hero We Create：9/11 & The Reinvention of Batman［J］. Student Pulse, 2009, 1（12）：1-11.

舞人心保持一致，另一方面，也体现了中国官方英文媒体对受害者关注的缺失。考虑到最近一二十年国际传播学领域对灾难性事件中的受害者越来越重视①，从不同角度赋予受害者更多的情感表达空间也许值得尝试。

此外，在研究的过程中，笔者也有意选取了同一类事件，将中国官方英文媒体和汉语媒体的报道进行了对比，结果表明，与汉语媒体相比，英文媒体聚焦英雄人物的报道数量较少，且报道中政治意识形态方面的内容所占比重有所下降。这也说明，官方英文媒体已经注意到了对内对外报道的不同，以及国内外读者的不同心理期待。

尽管如此，如果将本章的研究内容与第八章有关洪灾图片库的研究相结合，我们也会发现，不论是文字还是图片，中国官方英文媒体对受害者个体的关注仍有待加强，应将突发事件的受害者从单纯作为凸显英雄人物和救灾活动的工具人，转变为具有多种情感的独立个体，以引发读者共鸣、关心，进而关注国内事件和新闻报道。

---

① CHOULIARAKI L. The Spectatorship of Suffering［M］. London：Sage，2006；MOELLER S D. "Regarding the Pain of Others"：Media，Bias and the Coverage of International Disasters ［J］. Journal of International Affairs，2006，59（2）：173-196.

第四章

中国官方英文媒体反恐话语中的"他方"与"我方"评价研究

　　"9·11"事件发生已有20余年，反恐话语仍是世界政治话语体系中非常重要的组成部分。因其强硬的态度和国际影响力，美国及其盟友所创作的反恐话语一直是大多数已有研究的对象。如马丁和爱德华兹（J. Edwards）[①]在期刊《话语与社会》（*Discourse & Society*）上主编的双期特刊，以及霍奇斯（A. Hodges）和尼勒普（C. Nilep）[②]编撰的《话语，战争与恐怖主义》一书，大都以美国及其盟友针对恐怖主义的政治或新闻话语为研究内容。相比之下，在其他语境下创作的反恐话语，如俄罗斯[③]、土耳其[④]和尼日利亚[⑤]等国的反恐话语，虽然也有研究，但明显处于边缘位置。

　　与此形成强烈对比的是，尽管中国也是世界反恐联盟中的重要成员，且中国的反恐形式日益严峻，但中国官方媒体中的反恐话语并未得到学术界的重视。截至目前，尚未有研究关注代表中国立场的反恐话语。本章研究将以中国官方英文媒体中的反恐话语为对象，旨在揭示中国媒体如何通过反恐新

①　MARTIN J R, EDWARDS J. Introduction：Approaches to Tragedy［J］. Discourse & Society, 2004, 15（2-3）：147-154.

②　HODGES A, NILEP C. Discourse, War and Terrorism［M］. Amsterdam：John Benjamins, 2007.

③　RUSSELL J. Terrorists, Bandits, Spooks and Thieves：Russian Demonisation of the Chechens Before and Since 9/11［J］. Third World Quarterly, 2005, 26（1）：101-116.

④　BARRINHA A. The Political Importance of Labelling：Terrorism and Turkey's Discourse on the PKK［J］. Critical Studies on Terrorism, 2011, 4（2）：163-180.

⑤　OSISANWO A. Discursive Representation of Boko Haram Terrorism in Selected Nigerian Newspapers［J］. Discourse & Communication, 2016, 10（4）：1-22.

闻报道，一方面在意识形态上打击中国境内的恐怖主义，另一方面有力驳斥那些对恐怖主义持双重标准、有失公正的西方媒体/政府。

全球恐怖主义数据库（Global Terrorism Database）① 数据显示，中国在过去遭遇过多起恐怖主义袭击事件。例如，2009 年中国境内发生的恐怖袭击事件为 19 起，2014 年为 96 起，2019 年为 26 起。几乎所有中国境内的恐怖袭击事件都与新疆地区有关。但是，与面对威胁自身安全的恐怖分子时的态度不同，西方媒体/政府倾向于淡化甚至歪曲新疆恐怖主义问题，并多次针对中国政府采取的严厉反恐措施，以人权之名横加指责和干涉。

与此同时，为更好地与邻国建立和加强国际反恐合作，积极推动区域协作，中国推动成立了上海合作组织（Shanghai Cooperation Organization），并多次参与了上海合作组织成员国共同举行的反恐联合演习。上海合作组织其他成员国也多次表示，支持中国的反恐政策和措施。这些构成了中国主流英文媒体有关反恐报道的重要内容。因此可以说，反恐不仅属于中国内政，也与中国的外交政策有关②。在中国内部，新疆恐怖分子与中国政府和人民相对立；在中国外部，既有经常以人权之名对中国反恐行动横加干涉的西方国家，也有支持中国反恐政策和措施的国家。以此为基础，形成了一个"他方"（Them）与"我方"（Us）的二元对立，即新疆恐怖主义和西方国家构成"他方"，而中国与支持中国反恐政策的国家构成了"我方"。

根据范·迪克（T. A. Van Dijk）③ 的观点，"他方"和"我方"的划分是特定意识形态的产物，是自利性的体现。不管是群体还是个人，其意识形态中的"自我"（self）形象总是积极的，而"他者"（the Other）形象总是消极的，这种现象被称为"意识形态方阵"（ideological square）④。本章研究对

---

① MILLER E, LAFREE G, DUGAN L. Global Terrorism Database（GTD）［EB/OL］. START. umd. edu, 2023-10-25.

② BARTOLUCCI V. Terrorism Rhetoric under the Bush Administration：Discourses and Effects ［J］. Journal of Language and Politics, 2012, 11 (4)：562-582.

③ VAN DIJK T A. Ideology：A Multidisciplinary Approach ［M］. London：Sage, 1998.

④ BARTOLUCCI V. Terrorism Rhetoric Under the Bush Administration：Discourses and Effects ［J］. Journal of Language and Politics, 2012, 11 (4)：562-582；VAN DIJK T A. Discourse and Manipulation ［J］. Discourse & Society, 2006, 17 (3)：359-383.

中国媒体反恐报道中的"意识形态方阵"分析采用了马丁及其他学者①所提出的评价体系中的态度系统。评价体系可以用来"全面、系统地捕捉特定文本中的整体评价模式"②。本章所使用的分析工具是 UAM 语料库软件③，它经常用于标注文本中的态度资源④。

除了强调评价体系，特别是态度，在实现"他方"和"我方"形象塑造上的作用，本章的研究意义还在于对非欧美话语的关注。因经常从自身利益出发，对全球恐怖主义事件进行片面报道，欧美反恐话语已饱受政界和学界的批评⑤。在此背景下，关注来自中国官方英文媒体的不同声音，可以有效弥补原有基于英美范例的研究，具有重要意义。

① MARTIN J R. Beyond Exchange：Appraisal Systems in English ［M］//HUNSTON S, THOMPSON G. Evaluation in Text：Authorial Stance and the Construction of Discourse. Oxford：Oxford University Press, 2000：142-175; MARTIN J R. Close Reading：Functional Linguistics as a Tool for Critical Discourse Analysis ［M］//UNSWORTH L. Researching Language in Schools and Communities：Functional Linguistic Perspectives. London and Washington：Cassell, 2005：275-298; MARTIN J R, ROSE D. Working with Discourse：Meaning beyond the Clause ［M］. London：Continuum, 2007; MARTIN J R, WHITE P R R. The Language of Evaluation：Appraisal in English ［M］. Hampshire：Palgrave Macmillan, 2005.

② COFFIN C, O'HALLORAN K L. The Role of Appraisal and Corpora in Detecting Covert Evaluation ［J］. Functions of Language, 2006, 13 (1)：82.

③ O'DONNELL M. The UAM Corpus Tool：Software for Corpus Annotation and Exploration ［M］//CALLEJAS C M B. Applied Linguistics Now：Understanding Language and Mind. Almeria：Universidad de Almería, 2008：1433-1477.

④ BARTLEY L V. Please Make Your Verdict Speak the Truth：Insights from an Appraisal Analysis of the Closing Arguments from a Rape Trial ［J］. Text & Talk, 2020, 40 (4)：421-442; XU X Y, NESI H. Evaluation in Research Article Introductions：A Comparison of the Strategies Used by Chinese and British Authors ［J］. Text & Talk, 2019, 39 (6)：797-818.

⑤ NICKERSON C. Media Portrayal of Terrorism and Muslims：A Content Analysis of Turkey and France ［J］. Crime, Law and Social Change, 2019, 72 (5)：547-567; QI H, YE F Y. Contrastive Analysis of Discursive Constructions in Terrorist Attack Reports between Chinese and British Newspapers：Case Study of Reports on Beijing and Barcelona terrorist Attacks ［J］. Journal of Quantitative Linguistics, 2019, 27 (4)：361-378; VALDEÓN R A. Discursive Constructions of Terrorism in Spain：Anglophone and Spanish Media Representations of Eta ［J］. International Journal of Applied Linguistics, 2009, 19 (1)：66-83.

第一节　新疆恐怖主义与相关议题

"恐怖主义"是当代政治词汇表中最具意识形态意味和最受争议的词语之一。[1] 根据 2015 年通过的首部《中华人民共和国反恐怖主义法》，"恐怖主义"在中国法律体系中的定义如下：

> 本法所称"恐怖主义"，是指通过暴力、破坏、恐吓等手段，制造社会恐慌、危害公共安全、侵犯人身财产，或者胁迫国家机关、国际组织，以实现其政治、意识形态等目的的主张和行为。

因为各种原因，中国反恐行动针对的对象主要集中在新疆地区。据中国政府 2019 年发布的《新疆的若干历史问题》白皮书，新疆自古以来就一直是中国这一多民族国家的一部分。[2]

自 20 世纪 80 年代起，新疆恐怖袭击活动越发猖獗。出于各种原因和动机，部分国家仍倾向于在新疆恐怖主义问题上挑起争端。比如，美国和英国政府分别在 2002 年和 2016 年将"'东突厥斯坦'伊斯兰运动"组织（Eastern Turkistan Islamic Movement）列入恐怖组织，但两个政府仍多次试图把中国政府定义的"恐怖袭击"解读成"民族冲突""少数民族抗议"或者"个人攻击"。

---

① KELLNER D. 9/11, Spectacles of Terror, and Media Manipulation: A Critique of Jihadist and Bush Media Politics [J]. Critical Discourse Studies, 2004, 1 (1): 41-64.

② XINHUA. The Fight Against Terrorism and Extremism and Human Rights Protection in Xinjiang [EB/OL]. The State Council of the People's Republic of China, 2019-03-18.

　　类似的争议在学术界也时有发生。对一些学者①而言，新疆存在恐怖主义，这是毫无疑问的事实。但也有其他学者对中国是否真的存在恐怖主义表示怀疑。例如，斯蒂尔（L. Steele）和雷蒙德·郭（R. Kuo）②、罗德里格斯-梅里诺（P. A. Rodríguez-Merino）③ 和芬莱（C. Finlay）④ 等所谓的研究，倾向于否认事实，淡化恐怖袭击带来的危害，为新疆恐怖主义分子洗白。

　　考虑到新疆恐怖主义的特点及其所引起的争议，我们就不难理解，为什么中国的英文媒体通常自愿、自发承担责任，通过新闻报道驳斥西方政府、媒体和学者歪曲事实的言论。同样，虽然恐怖主义才是中国政府的打击对象，但西方媒体/政府，一旦成为新疆恐怖主义的同谋，也将成为"我方"所要打击的"他方"中的一部分。

第二节　"意识形态方阵"中的"他方""我方"对立

　　本章的研究框架整合了批评性话语分析（critical discourse analysis）中的"意识形态方阵"（ideological square）概念和评价体系中的态度系统。

　　任何一个群体社会中，意识形态为群体成员提供了一个用以区分自我与他者的框架。任何属于该群体的人，都是"我方"的一员，反之则属于"他方"。意识形态中的"我方"形象总是正面的，而"他方"形象则总是负面

① POKALOVA E. Authoritarian Regimes Against Terrorism: Lessons from China [J]. Critical Studies on Terrorism, 2013, 6（2）：279-298；TSCHANTRET J. Repression, Opportunity, and Innovation: The Evolution of Terrorism in Xinjiang, China [J]. Terrorism and Political Violence, 2018, 30（4）：569-588；WANG J Z. Eastern Turkistan Islamic Movement: A Case Study of a New Terrorist Organization in China [J]. International Journal of Offender Therapy and Comparative Criminology, 2003, 47（5）：568-584；WAYNE M I. Inside China's War on Terrorism [J]. Journal of Contemporary China, 2009, 18（59）：249-261.

② STEELE L, KUO R. Terrorism in Xinjiang? [J]. Ethnopolitics, 2007, 6（1）：1-19.

③ RODRÍGUEZ-MERINO P A. Old "Counter-Revolution", New Tterrorism: Historicizing the Framing of Violence in Xinjiang by the Chinese State [J]. Central Asian Survey, 2019, 38（1）：27-45.

④ FINLAY C. How to Do Things with the Word "Terrorist" [J]. Review of International Studies, 2009, 35（4）：751-774.

的。这种正面的自我呈现（positive self‐presentation）和负面的他者呈现（negative other‐presentation）现象，即构成了所谓的意识形态方阵。"意识形态方阵"通常导致以下四种表现：

（1）表达或强调有关"我方"的正面信息；

（2）表达或强调有关"他方"的负面信息；

（3）抑制或弱化有关"他方"的正面信息；

（4）抑制或弱化有关"我方"的负面信息。

正如范·迪克①所述，这四种举措主要关注的并非作为个体的参与者，而是作为群体成员的参与者。根据"意识形态方阵"概念，我们可以预测，一个群体通常会用中性或者积极的词汇来描述群体内成员（"我方"成员），而用中性或者消极的词汇去描述群体外成员（"他方"成员）。并且，"我方"与"他方"的对立还会导致一种等级差异，即善良的"我方"总是优先于邪恶的"他方"。"意识形态方阵"这一概念已经用于研究在诸如英国②、土耳其③、肯尼亚④和德国⑤等不同社会语境下的政治群体的表现。研究结果表明，事关社会冲突的话语普遍具有"站队"（side‐taking）性质。

本章旨在强调态度在实现"他方"和"我方"意识形态呈现上的作用。根据范·迪克⑥的理论，意识形态包含价值观，可以控制某个群体的态度。意识形态操控下，人们可以对特定群体做出好或坏、对或错的判断。态度本身

① VAN DIJK T A. Ideology：A Multidisciplinary Approach［M］. London：Sage, 1998；VAN DIJK T A. Discourse and Manipulation［J］. Discourse & Society, 2006, 17（3）：359-383.

② ENGSTRÖM R, PARADIS C. The In‐Group and Out‐Groups of the British National Party and the UK Independence Party：A Corpus‐Based Discourse‐Historical Analysis［J］. Journal of Language and Politics, 2015, 14（4）：501-527.

③ OKTAR L. The Ideological Organization of Representational Processes in the Presentation of Us and Them［J］. Discourse & Society, 2001, 12（3）：313-346.

④ MATU P M, LUBBE H J. Investigating Language and Ideology：A Presentation of the Ideological Square and Transitivity in the Editorials of Three Kenyan Newspapers［J］. Journal of Language and Politics, 2007, 6（3）：401-418.

⑤ BECKER A. Between "Us" and "Them"：Two TV Interviews with German Chancellor Gerhard Schröder in the Run‐Up to the Iraq War［M］//HODGES A, NILEP C. Discourse, War and Terrorism. Amsterdam：John Benjamins, 2007：161-183.

⑥ VAN DIJK T A. Ideology：A Multidisciplinary Approach［M］. London：Sage, 1998.

一旦形成，则将反过来成为另一种新的有力的操控形式。一旦大众获知并接受某种态度，则会自动按照这些态度采取行动。以恐怖主义为例，一旦人们接受了"恐怖主义是邪恶的"这一态度判断，就会"按照这些态度采取诸如投票支持反恐政策的行动，很少需要或根本不需要进一步的操纵努力"①。

对范·迪克而言，态度具有社会共享性，是可以进一步范畴化的观念集。② 这一理念与马丁及其他学者③的观点一致。后者十分重视态度系统的研究，并将态度系统置于评价体系的中心。评价体系中的态度把社会语境纳入考虑范围，将态度进一步划分为情感、判断和鉴赏三种类型。有关态度系统的具体内容在第三章已经论述，这里就不再重复。已有学者将评价体系中的态度用于分析文本对政治人物的形象塑造，④ 以及政治文本中的正面自我呈现和负面他者呈现，⑤ 证明了该理论的适用性。

第三节　语料收集与研究方法

本章研究语料由我国两个官方英文媒体——《人民日报》和《中国日报》英文版上刊载的 247 篇新闻报道组成。尽管目前《人民日报》和《中国

① VAN DIJK T A. Discourse and Manipulation [J]. Discourse & Society, 2006, 17 (3)：369.

② VAN DIJK T A. Discourse and Manipulation [J]. Discourse & Society, 2006, 17 (3)：359-383.

③ MARTIN J R. Beyond Exchange：Appraisal Systems in English [M] //HUNSTON S, THOMPSON G. Evaluation in Text：Authorial Stance and the Construction of Discourse. Oxford：Oxford University Press, 2000：142-175; MARTIN J R. Close Reading：Functional Linguistics as a Tool for Critical Discourse Analysis [M] //UNSWORTH L. Researching Language in Schools and Communities：Functional Linguistic Perspectives. London and Washington：Cassell, 2005：275-298; MARTIN J R, ROSE D. Working with Discourse：Meaning beyond the Clause [M]. London：Continuum, 2007; MARTIN J R, WHITE P R R. The Language of Evaluation：Appraisal in English [M]. Hampshire：Palgrave Macmillan, 2005.

④ ABASI A R, AKBARI N. The Discoursal Construction of Candidates in the Tenth Iranian Presidential Elections：A Positive Discourse Analytical Case Study [J]. Journal of Language and Politics, 2013, 12 (4)：537-557.

⑤ LI T, ZHU Y F. How Does China Appraise Self and Others? A Corpus-Based Analysis of Chinese Political Discourse [J]. Discourse & Society, 2019, 31 (2)：153-171.

日报》英文版在国际社会的影响力可能不及部分主流西方媒体，但它们为中国政府搭建了与西方国家对话的平台①，使其有机会向国际社会传递自己的声音。

语料的收集通过关键词检索进行。笔者在《中国日报》和《人民日报》英文网站上，先后以"terror""terrorist（s）""terrorism""Xinjiang"为关键词进行检索，并未对新闻报道的发布时间做任何限制。完成数据收集的日期为 2020 年 9 月 1 日。剔除与研究无关和重复的文章后，共获得有效新闻报道 247 篇，共计 11 万 5 千余字。

标题能够"体现一篇新闻报道的主要话题"②。在阅读所收集的新闻报道标题时，作者发现，只有一部分报道标题直接涉及恐怖主义/恐怖分子。根据其不同关注点，所收集报道的标题可以划分为以下四类：谴责恐怖主义/恐怖分子、驳斥西方媒体/政府的观点、介绍中国政府的反恐措施，以及国际反恐合作。

如表 4-1 所示，有关中国反恐措施的新闻标题出现频率最高（155 个），驳斥西方媒体/政府的观点（30 个）和谴责恐怖主义/恐怖分子（33 个）这两类标题数量相当。国际反恐合作也有所提及，尽管出现频率相对较低（18 个）。

表 4-1　标题的关注点与部分例子

标题关注点	部分标题
谴责恐怖主义/恐怖分子（33 个）	Terrorism a threat to Xinjiang
	Terrorist attack kills 31, injures 94 at Urumqi market
	Religious figures condemn Xinjiang terrorism
	Urumqi killing is barbaric

---

① ALVARO J J. Analysing China's English-Language Media [J]. World Englishes, 2015, 34 (2)：260-277.

② VAN DIJK T A. Ideology：A Multidisciplinary Approach [M]. London：Sage, 1998：221.

续表

标题关注点	部分标题
驳斥西方媒体/政府的观点（30 个）	The West is accomplice of terrorism by demonizing China's Xinjiang policy
	Chinese envoy rejects accusation by U. S. , UK representatives over Xinjiang
	China urges U. S. to learn lessons from 9/11 attacks, stop double standards on anti-terrorism
	Pompeo's remarks about Xinjiang both ridiculous and irresponsible
中国的反恐措施（155 个）	Noose tightening on Xinjiang terrorists
	Xinjiang issues China's first local counterterrorism law
	China names first counterterrorism chief
	China to fast-track prosecution of terrorists, extremists
	China to set up anti-terror intelligence gathering center
国际反恐合作（18 个）	46 countries support China's anti-terrorism work in Xinjiang
	SCO members brace for terrorist threat
	SCO drill to improve joint anti-terror capability, says expert
其他（11 个）	Xinjiang remains stable despite terror attacks：official
	Tourism trumps terrorism in Xinjiang

　　细读所收集的新闻报道，就会发现标题中频繁出现的恐怖分子、西方媒体/政府、中国政府和人民，以及表态支持中国的国家，倾向于形成"他方"和"我方"的二元对立，即恐怖主义/恐怖分子和西方国家/媒体构成"他方"，而中国政府、中国人民以及支持中国的其他国家构成"我方"。此外，笔者还发现，新闻报道中与"他方"和"我方"相关的态度表达存在几种明显的趋势，从而产生了这样一种推测，即意识形态方阵与态度资源的使用之间，是否存在某种关联。

　　本章研究方法如下。首先将收集好的语料导入 UAM 语料分析软件，而后进行手工分析。UAM 语料分析软件内置有已搭建好的态度系统，该系统包括上一小节提及的态度三大类别和每个类别之下的子类别。笔者依据研究目的，对内置的态度系统进行了修改。修改后的态度系统如图 4-1 所示。在情感这一类别，增加了情感主体（emoter）系统来具体分析文本中体现的是谁的情感。就判断和鉴赏而言，研究增加了评价对象（appraised）系统，指代被判断或被鉴赏的人或事物。

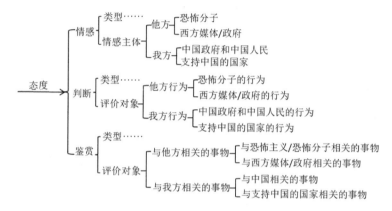

图 4-1　UAM 内修订后的态度系统

由于评价位于语义层，而非词汇语法层，本章的分析把态度意义作为分析单位，即出现一个态度意义就标记一次，不受语法单位的限制。态度意义的实现方式可以是一个词，比如 inhuman；也可以是一个短语，比如 with tears in her eyes；甚至可以是一个句子，比如 "They created human rights disasters in Afghanistan and Iraq."。所有语料均由两个标注者先后分别单独标注，并对标注结果进行对比，出现分歧时，则邀请第三位学者参与讨论。

第四节　态度与负面的"他方"呈现

分析结果显示，与恐怖主义/恐怖分子、西方媒体/政府相关的态度主要是负面的（分别占比 99.2% 和 98.2%），详见表 4-2。从表中可以看到，与判断和鉴赏相比，情感的使用频率极低，故不再做进一步分析。在判断这一类别内部，恰当性占据主导地位，而在鉴赏范畴内，估值性的数量远远超过反应性和构成性。

表 4-2 与"他方"相关的态度

态度		恐怖主义/恐怖分子	西方媒体/政府
类型	判断 态势性	—	2
	能力性	19	13
	可靠性	1	15
	恰当性	729	169
	真诚性	20	18
	总计	769（59%）	217（67%）
	鉴赏 反应性	46	10
	构成性	19	2
	估值性	461	67
	总计	526（40%）	79（24%）
	情感	16（1%）	28（9%）
极性	正面	10（0.8%）	6（1.8%）
	负面	1301（99.2%）	318（98.2%）
总计		1311（100%）	324（100%）

　　负面的判断性表达（尤其是不恰当），以及负面的鉴赏性表达（尤其是负面价值）如何实现对"他方"的特定呈现，将在下面小节展开论述。

一、恐怖主义与恐怖分子

（一）狂暴的恐怖分子及其行为（判断：不恰当行为）

　　语料中，对恐怖分子及其行为的判断围绕恰当性展开。恰当性与人类社会法律和道德相关。负面的评价主要通过 3 种方式实现：（1）使用负面标签指称恐怖分子；（2）赋予他们负面特征和品质；（3）揭露恐怖分子令人发指的行为。本小节将就此展开论述。

如何称呼"他方"是一个对冲突双方都很重要的问题。① 一个称呼不仅可以给对方贴上一个标签,更可以简便有效地体现对该个人或群体的评价。使用 UAM,笔者整理出了新闻报道中经常用来指称恐怖分子的词语(如表4-3 所示)。

毫无疑问,使用最频繁的是名词 terrorist(s)(恐怖分子),它在所有语料中共出现 460 次。terrorist(s)属于"道德—规范"词汇,本身即具有道德批判和谴责的言外之力②。同理,表4-3 所列出的其他词汇,比如 extremists(极端分子)、separatists(分裂分子)、rioters(暴徒)和 criminals(罪犯),其定义本身都含有负面的评价意义。

表4-3　用于指称恐怖分子的词语

指称名词	出现次数
terrorist(s)	460
extremists	83
separatists	56
suspect(s)	139
gang(s)	73
rioters	49
attackers	42
criminals	17
assailants	15

---

① BHATIA M V. Fighting Words: Naming Terrorists, Bandits, Rebels and Other Violent Actors [J]. Third World Quarterly, 2005, 26(1): 5-22; JACKSON R. Writing the War on Terrorism: Language, Politics and Counter-Terrorism [M]. Manchester: Manchester University Press, 2005.

② FINLAY C. How to Do Things with the Word "Terrorist" [J]. Review of International Studies, 2009, 35(4): 751-774.

指称名词	出现次数
mobsters	11
perpetrators	7
thugs	7
murderers	3
radicals	1
gangsters	1
butchers	1

此外，这些指称名词不但本身含有态度意义，且经常与表达负面判断的形容词和动词搭配使用，使负面评价得到进一步强化。下面的例子中，指称名词和形容词用斜体标识：

（1）"I am firmly against terrorism and detest these *violent criminals*", a villager says.

（2）Thursday's bomb attack in Urumqi… once again reveals the *brutal* and *inhuman* nature of *terrorists* …

（3）"We could never imagine that the *mobsters* were so extremely *vicious* and *inhuman*," he said…

正如这些例子所示，恐怖分子不只是简单地被称作 criminals（罪犯）、terrorists（恐怖分子）或 mobsters（暴徒），他们还是 violent（暴力的）、brutal（残忍的）、inhuman（无情的）。这些特征无疑进一步增强了指称名词中已有的负面评价意义。

再者，"恐怖分子"和"暴徒"还经常参与非法或不道德活动，主要表现为对无辜者的杀害、伤害、屠戮和谋杀。例如，以"kill＊"为关键词进行搜索，会得到如图 4-2 所示的结果。

1	Two Xinjiang terrorists who	killed	17 police get death
2	On the evening of February 28, rioters	killed	at least 10 people and injured a number of
3	and knife-wielding thugs looted shops, torched vehicles and	killed	nearly 200 people in the regional capital Urumqi.
4	During the clash, the terrorist suspects brutally	killed	law enforcement personnel, innocent residents, disregarding their
5	Twenty-four people were	killed	by terrorists.
6	Twenty-four people, including two police officers, were	killed	by a terrorist gang in Lukqun, a township
7	outside Xinjiang. On March 1, knife-wielding assailants	killed	29 civilians and injured another 143 at a railway
8	In an incident last June, rioters	killed	24 people at the region's Lukqun Township.
9	of Kunming in March in which 29 people were	killed	and 140 injured by knife-wielding attackers who the government
10	On March 1 last year, knife-wielding assailants	killed	a total of 31 people and injured 141 others
11	including in March last year when an armed gang	killed	29 people and injured 143 others in Kunming.
12	a group of terrorists led by Xinjiang separatist forces	killed	31 people in the Kunming railway station in Yunnan
13	Yahya said terrorists in China had	killed	civilians brutally, caused horror and that they must be brought to justice.
14	A total of 37 civilians, including 35 ethnic Hans and two Uyghurs, were	killed	by terrorists in the attack. Thirteen were reportedly injured.
15	In March, assailants	killed	29 civilians and injured another 143 at a station
16	In an incident last June, rioters	killed	24 people at the region's Lukqun Township.
17	, Turpan prefecture, in which 24 people were	killed	by terrorists.
18	On April 23, 15 people, including police officers and community workers, were	killed	by terrorists in Selibuya township, Kashgar prefecture;
19	During the clash, the terrorist suspects brutally	killed	law enforcement personnel and innocent residents, disregarding their
20	attackers set fire to a restaurant and started randomly	killing	civilians in Kashgar on Sunday.
21	All the thugs who took part in the	killing	of innocent lives should be subject to due punishment

图 4-2　"kill *"与指称名词的搭配使用

　　杀害他人显然违背了人类社会的法律和道德，这种行为理应受到谴责。在新闻报道的描述中，非法邪恶的恐怖分子挥舞着杀人的大刀，或有预谋地引爆炸弹。与此形成鲜明对比的是，大量被杀害的人只不过是无辜的普通市民、警察或社区工作者。这种身份差异再次表明，恐怖分子的行为令人愤慨。

　　（二）恐怖主义的灾难性社会影响（鉴赏：消极社会价值）

　　除了运用判断强调恐怖分子及其行为的不妥当，即对社会道德和法律的违背，新闻报道中还存在以下趋势：（1）将恐怖分子非人化，描述为一种社会不良现象；（2）评价恐怖事件的毁灭性影响。这些主要通过鉴赏（appreciation）来实现，尤其是鉴赏中的估值性（valuation）。

　　所收集的语料中，除了经常被称为"罪犯"和"暴徒"等，恐怖分子/恐怖主义还经常被比作社会的威胁（threat）、问题（problem）、癌症（cancer）等。其中最常用的是"威胁"和"疾病"这两种隐喻，表 4-4 对其用法进行了汇总。

表 4-4　语料中对恐怖主义所使用的隐喻

隐喻表达		使用次数
"威胁"隐喻	threat（s）	91
	problem（s）	38
	enemy（ies）	24
	challenge（s）	23
	foe	2
"疾病"隐喻	cancer	7
	scourge	2
	headache	2
	nuisance	1
	disease	1
	tumor	1
总计		192

新闻报道中含有这些隐喻性表达的句子如下所示：

（4）Terrorism is a worldwide non-traditional security *threat*, which poses increasingly severe *challenges* to mankind.

（5）Liu said terrorism and extremism are global *problems*…

（6）Terrorism is *a public nuisance*, and also *a chronic and stubborn disease*, of the whole world.

这些非人化的隐喻①使恐怖分子丧失了作为人的特征，被视为无生命的物体。在疾病隐喻中，恐怖分子/恐怖主义则经常被描述为令人恐惧的癌症、灾害、烦恼、麻烦、疾病和肿瘤。恐怖分子不再是有感情或有能力做出选择的

---

① WODAK R. The Discourse-Historical Approach［M］//WODAK R, MEYER M. Methods of Critical Discourse Analysis. London：Sage, 2001：63-94.

人，而是应无情根除的传染病，只有这样才能保持社会健康。同样，将一个群体贴上"威胁社会安全"的标签，也是政府经常采用的有力政治手段，以进一步通过合法手段采取特殊措施来应对这些"威胁"。

新闻报道中，恐怖事件通常被称为（terrorist）attacks［（恐怖分子的）袭击，898 次］、violence（暴力，129 次）、crime（s）（罪行，96 次）、riot（s）（暴乱，95 次）、incident（s）（暴力事件，70 次）和 unrest（动乱，14 次）。这些事件被加以评价，评价的依据是其所造成的伤亡和经济损失。一些具有代表性的例子如下：

（7）The move came after the May 22 bomb attack that *claimed* 43 *lives and injured* 94 *residents* at a marketplace in Urumqi.

（8）Besides *causing casualty of the civilians*, terrorist attacks have also *slowed down the economic growth of the region* in 2014.

（9）Official records show that between the 1990s and 2016, thousands of violent terrorist activities took place in the region, *claiming numerous innocent lives* and *causing tremendous property damage*.

人员伤亡是有关恐怖主义新闻报道中经常关注的信息，伤亡的具体（通常是较大的）数量倾向于被反复强调。与人员伤亡密切相关的是恐怖主义对地区经济的影响，尤其是旅游业和服务业。正如在后面的讨论部分所指出的那样，这种对恐怖主义和恐怖事件社会价值的负面评价，极有可能会进一步引导目标读者，使其对造成这些社会和经济损失的恐怖分子及其行为做出消极判断。

二、西方媒体/政府

在所收集新闻报道中，对西方媒体/政府的评价与对恐怖主义/恐怖分子的评价类似，即主要依据其行为是否恰当（是否合法、是否合乎道德）。同样，西方媒体/政府所创作的"文字产品"，即它们的报道、议案和指控等，也被从社会价值的角度予以评价。

（一）有偏见的西方媒体和霸权主义的西方政府（判断：不恰当行为）

由于种种原因，中国人民对西方媒体极不信任。西方媒体常常被认为充满偏见，热衷于恶意歪曲中国国情。在所收集的语料中，西方媒体往往在新闻伦理方面受到负面判断：它们的新闻报道充满偏见、带有选择性且持双重标准。这些在下面的例子中可以看出：

（10）Journalism advocates fair and objective reporting. However, Western media has been repeatedly found *selective in its coverage of China*.

（11）What's more, by refusing to recognize an attack as an act of terrorism, some *biased* Western media *who bear a deep-rooted double standard* have done nothing but *embolden those terrorists behind the crime*.

（12）And after every terrorist attack in Xinjiang, some Western governments start *beating about the bush* and even *try to fan the flames of violence*, because they *want to see China plunge into chaos*.

（13）Liu said the US *viciously smeared* and criticized the Chinese government's Xinjiang policies... which fully exposed the US's *double standards* and the *purpose of gross interference in China's internal affairs*.

同样，一些西方政府的行为也受到了负面评价，尤其是其对中国反恐政策的不恰当反应。从上述例子可以看出，西方政府倾向于将人权问题政治化，目的是干涉中国内政。他们希望看到中国陷入混乱（want to see China plunge into chaos），这一行为不合乎道德，且理应受到谴责。此外，中国媒体也可以反过来以人权为武器，对一些西方政府，尤其是美国政府予以反击：

（14）It is with such an attitude that the US *invaded Iraq, a sovereign country, on a false premise, justifying its aggression as part of a war on terror*.

（15）Moreover, while *slinging mud at China and its Xinjiang policy*, Washington is also *creating human rights disasters in Afghanistan, Iraq, Libya and many other parts of the world*. Such *double-faced* behavior has once again put on full display those US *meddlers'* *hypocrisy* and *ulterior motive*.

这些例子所传递的关键信息是，美国是世界上侵犯人权最多的国家，给世界各地无数人民制造了灾难。然而，它的傲慢和霸权主义使它不仅能够为自己令人发指的行为做辩解，更能够对其他国家和政府（如中国）横加干涉和指责。

（二）虚假报道和指责（鉴赏：消极社会价值）

在所收集的新闻报道中，除了有对西方媒体/政府行为的负面判断外，还有对这些媒体和政府所创作的文字作品的负面鉴赏：

（16）Abuduxikeer Rehemudula... called upon hostile foreign media to stop *making up things out of thin air* and publishing *fake* reports，and stop hurting the feelings of the people of Xinjiang.

（17）The United States and a few other countries have made *groundless* accusations against China.

（18）In the joint letter，the scholars and religious personnel... refuted Pompeo's recent remarks about China，"including *false* accusations against the ethnic，religious and human rights situations in Xinjiang"，are "*irresponsible and erroneous* remarks".

如这些例子所示，西方媒体/政府的报道与指责是虚假的、错误的且毫无根据的。考虑到新闻和政治领域所崇尚的价值观，这种消极鉴赏使得西方媒体/政府的报道和指责丧失了其价值和可信度。

第五节　态度与正面的"我方"形象

分析显示，新闻报道中与"我方"相关的态度主要是正面的。分析结果详见表4-5。

表 4-5　与"我方"相关的态度

态度			中国和中国人民	支持中国的国家
类型	判断	态势性	3	—
		能力性	144	3
		可靠性	13	—
		恰当性	57	3
		真诚性	3	—
		总计	220（28%）	6（7%）
	鉴赏	反应性	40	1
		构成性	8	—
		估值性	286	18
		总计	334（43%）	19（23%）
	情感	愉悦性	86	29
		满意性	24	12
		安全性	47	5
		意愿性	66	13
		总计	223（29%）	59（70%）
极性		正面	610（78.5%）	64（76.2%）
		负面	167（21.5%）	20（23.8%）
总计			777（100%）	84（100%）

　　如表 4-5 所示，态度的三种类型均用于评价中国和中国人民，其中鉴赏（43%）出现的频率高于情感（29%）和判断（28%）。鉴赏内部，估值性（valuation）出现次数最多，判断则以能力性（capacity）为主。而愉悦性（happiness）、满意性（satisfaction）、安全性（security）和意愿性（inclination）平均分布在情感范畴内。情感在展现支持中国的国家方面也发挥着重要的作用。

一、中国和中国人民

（一）具备反恐能力的中国（判断：能力性）

新闻报道中对中国的积极评价是通过强调中国的反恐能力来实现的，如下述例子所示：

（19）China is *capable* of preventing and handling terrorism acts with its abundant experience in hosting big-scale events.

（20）With increasing support and solidarity among the people, China has enough *confidence* and *capability* to crack down on terrorists.

（21）Despite some drawbacks, the "re-education program" and vocational schemes have helped Beijing to *successfully* prevent terrorist activities for three years.

这种能力背后的因素也经常被提及，例如，中国不断积累的反恐经验、健全的法律制度和人民的支持。这有助于使语篇中的判断更为合理、更易于接受。这也与暴力邪恶的恐怖分子形成鲜明对比，后者的残暴行径没有任何理据。

尽管能力性出现率最高，有时，判断中的恰当性也被用于评价中国及其反恐行动：

（22）Unlike the US, a country adept at using military force in anti-terror combat, China has notably improved Xinjiang's public security via education. In fighting terrorism, it is *showing the utmost respect for human rights*.

中国反恐话语中的恰当性集中体现在对新疆人权的尊重和保护上，这恰恰与一些西方媒体指责中国政府侵犯人权的报道相反。上述例子还表明，正面的自我评价与负面的他者评价可能同时在话语中出现。

（二）一个稳定的新疆和中国有效的反恐措施（鉴赏：积极社会价值）

如表4-5所示，鉴赏，尤其是对与中国有关事物的估值性评价，在呈现国家积极形象方面用得比其他态度资源更多。分析表明，鉴赏的重点往往是将新疆视为一个稳定且不断发展的中国地区，以及中国政府打击恐怖主义所采取的措施。以下是一些有关新疆的鉴赏例子：

（23）"Xinjiang has become *one of the country's safest places*, with the lowest crime rate, due to efforts by all ethnic groups living in the region," Wang said.

（24）Since late 2018, more than 70 foreign delegations have visited Xinjiang. They saw first-hand a *stable*, *thriving* and *developing* Xinjiang...

（25）Xinjiang is not Chechnya, the Middle East or a turbulent district in the Balkans. Xinjiang remains *peaceful*, *stable* and *prosperous* despite these disruptions.

数据显示，新闻报道中 stable（稳定的，38次）和 stability（稳定，233次）频繁地用来搭配"新疆"一词。有时，报道还将新疆与遭受恐怖主义和动乱折磨的其他地区做对比（如例25），展示其不同之处：尽管新疆存在一些不法分子，它仍然是和平与稳定的。

数据中除了体现对新疆社会稳定的鉴赏，还包括了对中国政府采取的反恐举措的大量积极评价。如以下例子所示，这些措施均被评价为合法的和正确的：

（26）Xinjiang's preventive measures of counter-terrorism and de-radicalization are *based on law and consistent with the will of the people*.

（27）"Our party's strategy on Xinjiang is proven to be *correct* and must be continued in the long run..." he said.

（28）The education and training efforts in Xinjiang are a *righteous* and *innovative* measure taken by authorities...

（29）Vocational training is an *effective* way to help young people get work and help fight poverty and extremism... China's experience in the vocational education and training center in Xinjiang has been very *successful* and is *worth learning by countries seeking to de-radicalize and fight terrorism*, said Majawar, Permanent Representative of Yemen to the UNOG.

经常受到西方媒体/政府批评的职业教育与培训中心，在中国反恐话语中也被反复提及。在这些报道中，这些培训中心是中国政府为保护维吾尔族人民免遭宗教极端主义和恐怖主义伤害而采取的"正确"（correct）、"创新"（innovative）且"有效"（effective）的措施。

此外，从例29中可以看出，培训中心不仅被中国政府和媒体认可，其他国家的官员也对培训中心的成功表示赞赏。这种带有外界声音的多声性（heteroglossia）有助于提高评价的说服力。

（三）伤心的受害者和坚定的政府（情感）

语料分析过程中，笔者发现，新闻报道中极少涉及"他方"人员的内心情感。与此相反，报道中包含大量中国人民和中国政府对恐怖主义以及西方媒体/政府的感受，不同种类的情感都有涉及，且消极情感和积极情感的数量差不多，具体如表4-6所示。

表4-6　中国人民和政府的情感

情感类型	积极的情感	消极的情感	总计
愉悦性	20	66	86（38%）
满意性	10	14	24（11%）
安全性	16	31	47（21%）
意愿性	65	1	66（30%）
总计	111（50%）	112（50%）	223（100%）

消极的情感主要有不快乐（unhappiness）、不安全（insecurity）和不满意

（dissatisfaction）三种类型。情感主体（emoters），通常是中国人民和政府官员，并且他们的情感往往以直接引语的形式出现在新闻报道中。以下是一些例子：

（30）"Most of them are elderly people," said she *in tears*. "I feel *sad* seeing them suffer."

（31）"I can't describe how much I *hate* them（the attackers）. My family is destroyed, and I cannot see any future," *cried* Adalathan Yiminiaz, holding her 3-year-old son.

（32）"We feel *shock* and great *anger* at the terrorist attack...," Zhang said...

（33）A senior anti-terrorism official of China Wednesday expressed strong *indignation* over and firm *opposition* to the US House of Representatives' passing of a Xinjiang-related bill.

从这些例子中可以看出，情感主体的社会地位与情感类型之间存在关联。普通百姓更多地会对危及生命及财产安全的恐怖袭击感到不快乐（unhappy），而官员、学者和宗教人员，即所谓的社会精英分子，往往倾向于表达对西方政府的不满意（dissatisfaction）。

积极的情感包括快乐（happiness）、满意（satisfaction）、安全（security），及意愿（inclination）四种类型，其中意愿的出现频率最高。与上面讨论的消极情感相似，快乐、满意和安全的情感更多地表现为新疆普通民众的情感，而政府则通常被描述为坚决的（resolute）或坚定的（determined）。这些在以下几个例子中可以看出：

（34）Shohrat Zakir said with stability... all ethnic groups felt increasingly *safe* and *happy*.

（35）The MuslimUigurs... They *desire* a stable environment to pursue further prosperity and social well-being.

（36）Beijing has been *resolute* and *unwavering* in enforcing law and restoring stability in Urumqi.

（37）Moreover, to protect its people, the Chinese government is *determined* to crack down on such criminality.

中国并不是独自与恐怖主义做斗争。所收集的语料显示，新闻报道中还出现了一些对其他国家，尤其是上海合作组织（SCO）成员国进行的评价。这些国家与中国及其中国人民一起构成了"我方"。下节将分析语料中与这些国家相关的态度。

二、谴责恐怖主义、支持中国政府的国家（情感）

如表4-5所示，在与属于"我方"国家相关的态度中，情感，尤其是愉悦性和意愿性，出现的频率最高（70%）。分析表明，情感主要用于表达这些国家对恐怖主义和西方媒体/政府的谴责，以及其对中国政府的支持。如下述例子所示：

（38）Kazakhstan *condemns* terrorism of any form, Izimov said, adding that as a strategic partner of China, Kazakhstan *hopes* China can maintain peace and stability.

（39）The Saudi government has punished terrorists and achieved results, said Yahya, adding that his country *is willing to* share its best practice with China and launch cooperations.

（40）The country [Afghanistan] *wants to* have "higher efficiency and frequency in collaborating with China and Central Asia in the post-2014 era", Yang said.

（41）"We may *hope* that all tasks in the interests of the SCO member states will be successfully fulfilled," Russian commander Vladimir Moltensky said after the two-hour exercise.

（42）In the statement, the countries expressed *opposition* to some countries politicizing the human rights issue and called on them to stop baseless accusations against China.

（43）In the statement... the countries *praised* China's people – centered development philosophy and achievements.

此外，中国和上海合作组织（SCO）其他成员国举办的联合演习，以及组织内部成员国之间的合作也经常作为鉴赏的对象，被认为是"可行的"（practical）、"有效的"（effective）。这表明，中国及其反恐行动赢得了国际社会的支持。

第六节　讨论

从前面几个小节的分析结果可以看出，所收集语料中与"他方"和"我方"相关的态度资源有几个特点。首先，不同的态度类型和不同的参与者之间存在关联。例如，与"他方"成员相关的态度资源中，评价人物及其行为的判断占主导地位，而判断在与"我方"成员相关的态度资源中，出现频率远低于鉴赏和情感。与鉴赏和情感相比，判断将评价外化，对人物及其行为的评价脱离评价者，呈现为被评价对象的内在品质①。例如，"the brutal terrorists"中的"brutal"原本只是说话者的主观评价，但在表述中，它被呈现为恐怖分子的内在本性。

即使在判断范畴内，态度资源的使用也有差异：对"他方"的判断主要集中在其行为是否恰当，而对"我方"的判断主要集中在是否有能力。恰当

---

① MUNDAY J. Evaluation in Translation：Critical Points of Translator Decision – Making ［M］. London：Routledge，2012；WHITE P R R. Praising and Blaming，Applauding and Disparaging – Solidarity，Audience Positioning and the Linguistic of Evaluation Disposition ［M］// ANTOS G，VENTOLA E，Weber T. Handbook of Interpersonal Communication. Berlin：Mouton de Gruyter，2008：567–594；YU H L，WU C Z. Attitude as Mediation：Peritextual Commentary in the Translation of the Platform Sutra ［J］. Text & Talk，2018，38（5）：633– 654.

性（propriety）与行为的合法性和合乎道德规范有关，而能力性（capacity）涉及评价对象所具备的能力。此外，情感在与"我方"相关的态度资源中使用频率较高，但在与"他方"相关的态度资源中较少出现，即新闻报道的读者会获知"我方"成员的情感，而属于"他方"的成员似乎是没有情感的。

至于态度的正面/负面属性，与"他方"相关的态度绝大多数是负面的，而与"我方"相关的态度则同时包括了正面和负面的表达。这一发现似乎与意识形态方阵（见本章第二节）的理念并不完全一致。进一步分析表明，负面的态度主要是消极的情感。在讨论情感时，我们可以识别情感主体（emoter），即体验某种情感的人，以及情感触发者（trigger），即引发某种情感的人或物。① 分析显示，与"我方"相关的态度中，消极情感的情感主体通常是中国人民、中国政府和支持中国的国家代表，而引发他们不快乐、不满意、不愿意和不安全情感的触发者往往是恐怖分子、恐怖袭击，或是西方媒体/政府的言语或行为。

这一现象可以使用"双重编码"（double coding）② 或"评价融合"③ 进行解释，即有时一个态度性表述可以表达一种以上的态度。例如，句子"*I can't describe how much I hate them（the attackers）. My family is destroyed, and I cannot see any future.*"中，袭击者造成受害者的不快乐（hate），但这一句话同样也可以引发读者对袭击者及其行为的负面判断。

因此，可以认为，消极的情感除了可以表达出"我方"成员的感受外，也可以触发对"他方"成员及其行为的负面判断，因为"他方"成员及其行为通常是"我方"产生消极情感的原因。

同理，我们可以推测，对恐怖主义所造成的社会影响和西方媒体/政府发表虚假报道和指责的消极鉴赏，也可能会触发对"他方"的负面判断，而对新疆稳定社会和中国反恐措施成效的正面鉴赏，可能会引发对中国政府的正

---

① MARTIN J R, WHITE P R R. The Language of Evaluation：Appraisal in English ［M］. Hampshire：Palgrave Macmillan, 2005.

② LEE S H. An Application of Multiple Coding for the Analysis of Attitude in an Academic Argument ［J］. Linguistics and the Human Sciences, 2007, 3（2）：165-190.

③ BEDNAREK M. Polyphony in Appraisal：Typological and Topological Perspectives ［J］. Linguistics and the Human Sciences, 2007, 3（2）：107-136.

面判断。换言之，有关情感和鉴赏的态度资源也可能间接地实现对"他方"的负面判断和对"我方"的正面判断。

在分析所收集语料过程中，笔者也发现了新闻报道中存在的问题。例如，对"他方""我方"的判断标准看似简单明了，任何支持中国政府和反恐政策的人都属于"我方"，而任何挑战中国政府和执政党的人则是"他方"，然而这有时会引起对同一评价对象前后矛盾的态度。例如，尽管美国是最常受到批评的西方国家政府之一，但语料中也包含了类似以下句子的情况：

（44）Beijing Tuesday *welcomed* Washington's move to slap sanctions on the leader of the Eastern Turkistan Islamic Party（ETIP）…

（45）He said that the US has technological advantages that allow it to *efficiently* locate the illegal websites' terminals.

（46）Referring to recent acts of terror in Kunming… Obama said he was *appalled* by these acts of terror, and extended deepest *condolences and the sympathies* of the U. S. people to the victims and their families.

如上述例句所示，美国的行为可能触发中国政府的积极情感（welcome，欢迎），与美国相关的事物可以被予以正面的判断（efficiently，有效地），美国总统（appalled，震惊）和人民的情感（condolences, sympathies，哀悼和同情）也可以得到表达。

但这种表述是以美国支持中国反恐政策为前提的。一旦美国开始抨击中国的反恐政策，它就会受到负面的判断和鉴赏，且没有任何表达情感的可能。因此，可以得到这样一个结论，即新闻报道有意选择并呈现与恐怖主义和其他国家相关的态度资源，进而塑造了"他方"与"我方"两大阵营。在许多方面，中国的反恐话语与其他文化和政治背景下的话语类似，受二元对立思想的影响。

结语

本章分析了中国主流英文媒体反恐话语如何通过态度资源塑造消极的"他方"与积极的"我方"形象。正如卡尔达斯-库尔萨德（C. R. Caldas-Coulthard）① 所指出的，虽然目前国际权力的分配使西方国家成为思想和意识形态的主要传播者，但第三世界国家也可以采取措施，抵制前者传播的思想和意识形态。以中国为例，其官方英文媒体上的反恐话语就构成了一个与西方对话的武器。

反恐话语不仅体现了中国政府与新疆恐怖主义之间的斗争，也体现了中国与恐怖主义及其西方同谋，特别是英美两国之间的斗争。在"我方"与"他方"的二元对立中，西方国家与恐怖分子共同构成"他方"，二者被评价的方式也十分类似，这与西方媒体/政府发表的反恐话语中的常见表达截然相反。② 从话语书写者的角度来看，此类话语的目的是"对事件进行解释，并确保特定观点被接受"③。但是这一目的的实现与否，更多地取决于读者。读者作为积极的意义生产者，在交流中也发挥着重要的作用。读者会在特定的语境中、特定意识形态的影响下解读话语。因此，尽管中国官方英文媒体中的态度表达已明确表明了自己的态度和立场，但读者对中国反恐话语中"他方"和"我方"的呈现接受程度如何，或许值得进一步研究。

---

① CALDAS-COULTHARD C R. Cross-Cultural Representation of "Otherness" in Media Discourse [M] //WEISS G, WODAK R. Critical Discourse Analysis: Theory and Interdisciplinarity. New York: Palgrave Macmillan, 2003: 272-296.

② JACKSON R. Writing the War on Terrorism: Language, Politics and Counter-Terrorism [M]. Manchester: Manchester University Press, 2005: 59-91.

③ BHATIA M V. Fighting Words: Naming Terrorists, Bandits, Rebels and Other Violent Actors [J]. Third World Quarterly, 2005, 26 (1): 7.

第五章

《巍巍天山——中国新疆反恐记忆》多模态情感研究

由于特殊的地理位置和人口结构，新疆长期面临极端主义和恐怖主义的挑战，人民的生命和财产安全受到严重威胁，党和国家权威受到挑战。为保护人民群众，维护地区稳定，中国政府采取了一系列措施，严厉打击宗教极端主义和恐怖分子。但这些行动却被不怀好意的分裂主义势力和西方媒体有意歪曲，借"人权主义"之名猛烈抨击中国政府。由于长期接触媒体的不实信息，西方民众缺乏对中国新疆真实情况的了解，极容易产生误解和偏见。

在此背景下，中国国际电视台（China Global Television Network，CGTN）自 2019 年 12 月起，先后推出新疆反恐英文纪录片四部曲，它们分别是 *Fighting Terrorism in Xinjiang*（《中国新疆，反恐前沿》，2019 年 12 月 5 日），*The Black Hand：ETIM and Terrorism in Xinjiang*（《幕后黑手——"东伊运"与新疆暴恐》，2019 年 12 月 7 日），*Tianshan：Still Standing—Memories of Fighting Terrorism in Xinjiang*（《巍巍天山——中国新疆反恐记忆》，2020 年 6 月 19 日），*The War in the Shadows*（《暗流涌动——中国新疆反恐挑战》，2021 年 4 月 2 日）。这些纪录片采用英文配音、中英文双语字幕，旨在面向国际观众，揭露中国新疆恐怖主义的源头及其恶行，恐怖分子对当地人民生命和财产所造成的严重影响，以及中国政府所采取的应对措施。这是中国媒体首次以系列英文纪录片的形式，全方位回顾新疆恐怖主义的历史和罪恶。每一部纪录片都包含大量从未公开的画面和信息，一经推出，便在国内外社交媒体上引起广泛关注。以最后一部纪录片 *The War in the Shadows* 为例，该纪录片 2021 年 4 月 2 日推出，截至 6 月 2 日，短短两个月的时间在 YouTube 上的播放量已达到近 7 万次，尽管中间数次被下架，且有用户反映该纪录片无法使用关键词检索。

与社交媒体上的广受关注相反，西方主流媒体依然选择集体沉默①，其背后的原因固然与西方媒体长期歪曲事实所以不敢面对真相有关，也与其对逐渐崛起的中国宣传媒体的敌视有关。曾经，中国的英文媒体只局限于几家"语言不那么地道的"英文报纸。现在，中国拥有多家大型英文网站和电视台，可以直接制作精良的英文纪录片，以更为直观的方式传递信息，引发观众情感共鸣。虽然纪录片从新中国成立初期就作为宣传教育的一种重要手段，但我国的纪录片拍摄能达到今天的水平，也经历了较长时间的发展。有学者②认为，新中国成立初期一直到 20 世纪 90 年代，我国的官方纪录片一直存在单纯依赖解说词进行说教的现象，一味弘扬集体精神而对个体关注不够。本章和下一章认为，随着 20 世纪 90 年代后期中国官方媒体的集体转型和 21 世纪新媒体技术的发展，现在中国主流媒体已经具备制作高质量英文纪录片的能力，且已经注意到说理与情感并重的重要性。因此，本章将以新疆反恐系列纪录片第三部《巍巍天山——中国新疆反恐记忆》为例，根据多模态评价理论，分析不同态度类型在该纪录片中的具体分布以及这些分布背后的原因。

本章一共由五部分构成。第一节对纪录片及其相关研究进行回顾；第二节简单介绍本章的分析对象——纪录片《巍巍天山》；第三节是本章的理论基础，介绍态度的多模态呈现与分析，以及本章的分析方法。第四节是本章的主体部分，呈现《巍巍天山》纪录片中态度的分析结果和对其进行的讨论。最后是本章的结语。因为有关新疆恐怖主义的内容在第四章已有回顾，这里就不再论述。

---

① 祁江安 . CGTN 再发新疆反恐纪录片，西方媒体是否沉默依旧？［EB/OL］. 人民网，2020-06-19.

② CHU Y C. Chinese Documentaries：From Dogma to Polyphony［M］. London：Routledge，2007：53-87.

第一节　纪录片：定义、功能与多模态视角

一、纪录片的定义与功能

根据温斯顿①（B. Winston）的研究，英语单词 documentary（纪录片）最早于 1802 年以形容词形式出现在英语中。其根源可以追溯到 1450 年出现的拉丁语名词 documentum（课程），以及 1772 年出现的英语名词 document（意指提供信息或证据的书面文件）。如今，单词 document 仍然隐含"证据"的意义。早在 1914 年，爱德华·柯蒂斯（E. S. Curtis）就曾使用 documentary material 和 documentary works 指称非虚构的电影。然而，直到 20 世纪 30 年代，被后世誉为"纪录片之父"的约翰·葛里森（J. Grierson），才首次使用 documentary（纪录片）这一术语，并将其定义为"对现实的创造性处理"（creative treatment of reality）②。

正如卡尔莫纳（C. R. Carmona）③ 所指出的，尽管 documentary 自出现以来，就一直被看作非虚构的，与虚构电影（fictional films）相对立，但葛里森的定义本身就暗示，纪录片本身并不等于现实，因为对现实的"创造性处理"必然会影响甚至破坏现实本身。将现实搬到荧屏的过程中，肯定会涉及一系列复杂的技术手段和艺术创造。随着现实生活中以 3D 方式发生的真实事件被转换成屏幕上的 2D 图像，碎片化的电影叙事取代了人们对连续现实的直观体验。同样一个事件，不同的导演会以不同的方式进行呈现，每一种呈现方式似乎都在提醒人们，电影背后有其特定的选择和立场。

葛里森之后，有关纪录片的定义及其究竟是现实还是虚构的争议不断，

---

① WINSTON B. Claiming the Real Ⅱ：Documentary：Grierson and Beyond ［M］. London：Palgrave Macmillan，2008：221-225.

② GRIERSON J. First Principles of Documentary ［M］//MACDONALD K，COUSINS M. Imagining Reality：The Faber Book of Documentary. London：Faber and Faber，1996：19-30.

③ CARMONA C R. The Fiction in Non-Fiction Film ［J］. Icono 14，2019，17（2）：10-31.

且随着新电影类型的不断出现，纪录片的种类也越来越多，其定义外延不断扩大。对历史上有关纪录片的主要定义进行总结归纳之后，马卡罗内（E. M. Maccarone）提出了纪录片的新定义，认为纪录片"以现实中发生过的事件为基础，从特定的视角，讲述真实的故事，旨在让观众得到对真实人物或事件的体验。拍摄过程中尽量减少对声影的过度操纵，但同时也能够体现一定程度的艺术性"①。

正如这一定义所反映的，越来越多的学者不再认为纪录片等于现实，或者应该等于现实，而不能体现任何个人立场或艺术创造性。② 纪录片的核心问题不应该是它是否百分百反映了现实，而应该是其内容及其拍摄过程中的道德问题。③

总的来说，学者对纪录片定义的关注大于其功能。在梳理已有研究的基础上，我们可以看到，纪录片的功能大致包括记录现实、教育、政治宣传和商业盈利这四种。首先，纪录片可以作为对历史事件的记录，以声影的形式铭记深刻的民族和文化记忆。④ 与记录功能紧密相关的是，纪录片也可以作为教育素材，用于课堂教学或大众教育，如有关文化、环保等的纪录片。⑤ 其次，纪录片可以为政府、组织和个人所用，用以宣传某种政治立场和观点。

---

① MACCARONE E M. Ethical Responsibilities to Subjects and Documentary Filmmaking ［J］. Journal of Mass Media Ethics：Exploring Questions of Media Morality，2010，25（3）：192-206.
② CARMONA C R. The Fiction in Non-Fiction Film ［J］. Icono 14，2019，17（2）：10-31.
③ WINSTON B. Claiming the Real II：Documentary：Grierson and Beyond ［M］. London：Palgrave Macmillan，2008：221-225；NICHOLS B. Speaking Truths with Film：Evidence，Ethics，Politics in Documentary ［M］. Oakland：University of California Press，2016：154-163.
④ HIRANO K. Documenting a Catastrophe as a National Experience ［J］. Rethinking History，2014，18（3）：378-390.
⑤ WARMINGTON P，VAN GORP A，GROSVENOR I. Education in Motion：Uses of Documentary Film in Educational Research ［J］. Paedagogica Historica，2011，47（4）：457-472.

纪录片的这一功能受到的关注最多，引起的争议也最大①。随着互联网的飞速发展，纪录片逐渐也变成个人或机构用以盈利的手段，如发布在 YouTube 等社交媒体上，以投放广告或付费播放的方式为拍摄者带来收益②。

二、多模态视角下的纪录片研究

与本章相关的多模态纪录片研究大致包括三方面的内容，即电影（纪录片）的多模态叙事研究，纪录片的多模态论证研究，纪录片中的情感研究。电影的多模态叙事研究以贝特曼（J. Bateman）和施密特（K. H. Schmidt）③的《多模态电影分析》（*Multimodal Film Analysis*）一书为代表。该书依据系统功能语言学和社会符号学，在吸收电影研究已有成果的基础上，从多模态分析的角度研究电影（包括纪录片）如何传递意义。书中采用了纵聚合、横组合、语篇语义和布局结构等概念，对电影如何将不同符号按照一定的逻辑关系进行排列组合，读者在观看电影的过程中如何对其进行拆解和理解等问题进行了详细论证和示例说明。

其次，正如尼科尔斯④所说，每一部纪录片所讲述故事的背后，都隐藏着拍摄者的立场和观点。从多模态角度进行的纪录片研究，大都关注纪录片如何使用语言、视觉和听觉符号，直接或隐晦地表达导演的观点，即进行多模

---

① MYLONAS Y. Discourses of Counter-Islamic-Threat Mobilization in Post 9/11 Documentaries [J]. Journal of Language and Politics, 2012, 11 (3)：405-426；CHAN N. "Remember the Empire, Filled with Your Cousins"：Poetic Exposition in the Documentaries of the Empire Marketing Board [J]. Studies in Documentary Film, 2013, 7 (2)：105-118；SPENCE L, AVCI A K. The Talking Witness Documentary：Remembrance and the Politics of Truth [J]. Rethinking History：The Journal of Theory and Practice, 2013, 17 (3)：295-311；NICHOLS B. Speaking Truths with Film：Evidence, Ethics, Politics in Documentary [M]. Oakland：University of California Press, 2016；KAUR M. Documentaries as a Persuasive Form of Art [J]. Literary Herald, 2017, 3 (3)：175-179.

② NISBET M C, AUFDERHEIDE P. Documentary Film：Towards a Research Agenda on Forms, Functions, and Impacts [J]. Mass Communication and Society, 2009, 12 (4)：450-456.

③ BATEMAN J, SCHMIDT K H. Multimodal Film Analysis：How Films Mean [M]. London：Routledge, 2013：165-244.

④ NICHOLS B. Introduction to Documentary [M]. Bloomington：Indiana University Press, 2017：4-6.

态论证。特瑟罗尼斯（A. Tseronis）① 致力于将修辞学和多模态研究相结合，以理解纪录片中的多模态论证结构。在其所编撰的有关多模态论证与修辞的论文集中，特瑟罗尼斯和弗塞维尔（C. Forceville）② 对美国导演弗雷德里克·怀斯曼（Frederick Wiseman）以"直接电影"（direct cinema）手法拍摄的 5 部纪录片进行了分析，认为其中参与者的话语和经过剪辑和处理的画面、声音一同构成了对偶（antithesis），以帮助导演在不使用画外音和音乐的情况下也能传递自己的意图和观点。

对纪录片进行多模态研究的第三个角度关注纪录片中的情感传递。赫尔克（S. Helke）③ 认为，在过去 20 年间，芬兰纪录片创作领域出现了情感转向（emotive turn）。这一转向不仅体现在从关注群体到关注个体的转变，更体现在对事件所导致的情感和心理反应的强调，从而最终影响观众对文化自我的构建。情感在有关环境保护④和犯罪⑤的纪录片中都起着很重要的作用。例如，拉克-沃尔什（G. S. Larke-Walsh）⑥ 运用认知理论，对犯罪纪录片《塞勒姆西南：圣安东尼奥四姐妹的故事》中叙事策略和情感投入进行了研究，认为与该影片类似，关注不公正叙事的纪录片十分注重引发观众产生情感共鸣，其目的不仅是打动观众，更是促进社会对法律、政策中所隐含的不公平和不公正进行讨论和反思。

① TSERONIS A. Documentary Film as Multimodal Argumentation：Arguing Audio-Visually about the 2008 Financial Crisis ［M］//WILDFEUER J. Building Bridges for Multimodal Research：International Perspectives on Theories and Practices of Multimodal Analysis. New York：Peter Lang，2015：327-345.

② TSERONIS A，FORCEVILLE C. Multimodal Argumentation and Rhetoric in Media Genres ［M］. Amsterdam：Benjamins，2017：165-188.

③ HELKE S. In Pursuit of Emotions：The Emotive Turn and Postpolitical Sentiment in Finnish Documentary Film Culture ［J］. Studies in Documentary Film，2016，10（2）：183-197.

④ BIENIEK-TOBASCO A，MCCORMICK S，RIMAL R N，et al. Communicating Climate Change Through Documentary Film：Imagery，Emotion，and Efficacy ［J］. Climatic Change，2019，154：1-18.

⑤ HORECK T. "A Film That Will Rock You to Your Core"：Emotion and Affect in Dear Zachary and the Real Crime Documentary ［J］. Crime，Media，Culture，2014，10（2）：151-167.

⑥ LARKE-WALSH G S. Injustice Narratives in a Post-Truth Society：Emotional Discourses and Social Purpose in Southwest of Salem：The Story of the San Antonio Four ［J］. Studies in Documentary Film，2021，15（1）：89-104.

综上所述，可以看出，一方面，当代学者已经普遍认为，纪录片基于现实，但其中一定会涉及拍摄者的个人主观性，这些主观性主要体现在内容的选择和拍摄技术的运用上。另一方面，情感在纪录片观点表达中的重要作用已得到大多数学者的认可，但有关情感的研究大都从认知的角度展开，侧重情感对观众的作用和影响，而对纪录片导演究竟如何巧妙使用各种符号来表现人物的不同情感，反而有些语焉不详。因此，本章将融合多模态评价理论和纪录片研究，从拍摄者的角度，关注新疆反恐纪录片《巍巍天山》中不同态度类型的体现。

第二节 纪录片 *Tianshan*：*Still Standing*

本章所要详细分析的是新疆反恐系列纪录片中的第三部，*Tianshan*：*Still Standing—Memories of Fighting Terrorism in Xinjiang*（《巍巍天山——中国新疆反恐记忆》）。当地时间 2020 年 6 月 17 日，美国政府罔顾事实，执意签署了所谓的"2020 年维吾尔人权政策法案"（*Uyghur Human Rights Policy Act of 2020*）。北京时间 6 月 18 日，英文纪录片《巍巍天山——中国新疆反恐记忆》预告片播出。北京时间 6 月 19 日，中国国际电视台正式推出时长一个小时的英文纪录片《巍巍天山——中国新疆反恐记忆》（以下简称《巍巍天山》），狠狠撕下美国政客双标和伪善的面具。《巍巍天山》推出两天后，该纪录片及相关报道就被全球 27 个国家和地区的 475 家网络媒体全文转载，全网阅读量达 5.17 亿，覆盖受众广泛，迅速成为舆论焦点。以七国集团（G7）和二十国集团（G20）国家为代表的海外网友正面支持率超过 75%，有力对冲了西方媒体对新疆报道的双重标准及话语霸权。

《巍巍天山》由"青山处处""幸存者说""反恐之战""向阳而生"四部分组成。"青山处处"（The Life and Death）将镜头对准为反恐斗争流血、受伤、牺牲的公安干警；"幸存者说"（The Survivors）聚焦对受害者及其家人的采访，揭露了恐怖主义事件对普通百姓的伤害；"反恐之战"（The Front Line）揭示了恐怖主义的发展及中国政府的反恐政策和措施；"向阳而生"

（Securing the Future）介绍了政府为实现社会稳定而采取的治疆方略，以及新疆人民仍然心存美好愿望的乐观态度。

纪录片中的语言主要以两种方式出现：解说员的解说词和记者对 30 多个人物的采访。根据统计，被采访者以普通人物为主，涉及不同民族、职业和性别，具有较强代表性。其中，64%的被采访者属维吾尔族，23%为汉族，13%为塔吉克族。就身份而言，普通民众占55%，反恐警察占39%，剩余6%为恐怖分子及其家人。就性别而言，男性受访者占比58%，女性受访者占比42%。受访者分布在新疆喀什、和田、乌鲁木齐、伊犁、阿克苏这5个恐怖分子较为猖獗的地区。语言之外，纪录片还使用了大量的图片和监控视频，以视觉和听觉相结合的方式全方位展示了新疆恐怖主义的邪恶及其所造成的严重后果。这些语言和非语言的符号，对传递信息和情感都起着十分重要的作用，在分析中同等重要。

第三节　态度的多模态呈现与分析

有关评价体系中态度资源如何在语言中实现，在第三章中已经进行论述，此处不再重复。本章所关注的主要是态度资源以图片或声音形式进行的多模态呈现。

马丁等人①的评价体系提出之后，很快被应用于对多模态文本的分析，如

---

① MARTIN J R. Beyond Exchange：Appraisal Systems in English ［M］//HUNSTON S，THOMPSON G. Evaluation in Text：Authorial Stance and the Construction of Discourse. Oxford：Oxford University Press，2000：142－175；MARTIN J R. Close Reading：Functional Linguistics as a Tool for Critical Discourse Analysis ［M］//UNSWORTH L. Researching Language in Schools and Communities：Functional Linguistic Perspectives. London and Washington：Cassell，2005：275－298；MARTIN J R，ROSE D. Working with Discourse：Meaning beyond the Clause ［M］. London：Continuum，2007；MARTIN J R，WHITE P R R. The Language of Evaluation：Appraisal in English ［M］. Hampshire：Palgrave Macmillan，2005.

图片/照片①、绘本②、电影③和动画④。埃克诺默⑤最早将评价体系中的态度系统（情感、判断和鉴赏）应用于（新闻）图片分析。她提出，图片中既可以通过直接的方式对情感进行铭刻，也可以通过间接的方式对情感进行引发，但与情感不同，态度中的判断通常以引发的方式进行表达，而态度中的鉴赏一般只能引发。同时，埃克诺默也认为，读者对视觉态度的解读受其所处文化和社会语境的影响，也与其是否对图片中的人物有身份认同有关。在读者对图片中的人物产生角色代入的情况下，图片中人物所表露的情感可以在读者心中激发同样的情感体验。例如，如果图片中的人物表情痛苦，读者也会体验到痛苦的感觉。

埃克诺默对视觉态度的观点在昂斯沃思（L. Unsworth）⑥ 的研究中得到进一步发展，后者将引发态度的图片进行了进一步分类，并主要关注绘本图

① ECONOMOU D. The Big Picture：The Role of the Lead Image in Print Feature Stories ［M］// LASSEN I, STRUNCK J, VESTERGAARD T. Mediating Ideology in Text and Image：Ten Critical Studies. Amsterdam：John Benjamins, 2006：211-233；ECONOMOU D. Photos in the News：Appraisal Analysis of Visual Semiosis and Verbal-Visual Intersemiosis ［D］. Sydney：University of Sydney, 2009.

② UNSWORTH L. Persuasive Narratives：Evaluative Images in Picture Books and Animated Movies ［J］. Visual Communication, 2015, 14（1）：73-96.

③ FENG D Z. Modelling Appraisal in Film：A Social Semiotic Approach ［D］. Singapore：National University of Singapore, 2014；FENG D Z, O'HALLORAN K L. Representing Emotive Meaning in Visual Images：A Social Semiotic Approach ［J］. Journal of Pragmatics, 2012, 44（14）：2067-2084；FENG D Z, O'HALLORAN K L. The Multimodal Representation of Emotion in Film：Integrating Cognitive and Semiotic Approaches ［J］. Semiotica, 2013 （197）：79-100.

④ YU H L, YANG T Y. Loving Mother VS. Controlling Mother：Visual Attitude and Reading Positions in the Short Film Bao ［J］. Social Semiotics, 2020, 32（3）：1-19.

⑤ ECONOMOU D. The Big Picture：The Role of the Lead Image in Print Feature Stories ［M］// LASSEN I, STRUNCK J, VESTERGAARD T. Mediating Ideology in Text and Image：Ten Critical Studies. Amsterdam：John Benjamins, 2006：211-233；ECONOMOU D. Photos in the News：Appraisal Analysis of Visual Semiosis and Verbal-Visual Intersemiosis ［D］. Sydney：University of Sydney, 2009.

⑥ UNSWORTH L. Persuasive Narratives：Evaluative Images in Picture Books and Animated Movies ［J］. Visual Communication, 2015, 14（1）：73-96.

片对人物的间接判断。电影方面，冯德正和奥哈洛兰（K. L. Halloran）① 分析了人类主要情感，即愤怒、高兴、悲伤、惊讶和恐惧，如何通过角色的面部表情、触摸和身体姿态得以体现。随后，他们②对电影中情感的语言和非语言呈现进行了系统总结。在对角色的判断方面，冯德正③进一步提出，电影引发判断的主要方式包括角色的动作、身份，以及角色的外在特点，如长相和体态、服饰打扮，甚至声音特点。

这些学者的研究还显示，和语言中的态度一样，多模态文本中的态度表达也有明确的目的，或是为了引导读者认同或采取特定立场④，或是为了推动读者接受文本对历史事件和人物的评价⑤，或是为了凸显电影的特定"寓意"⑥。

例如，于海玲和杨甜雨⑦将多模态态度系统应用于对 2019 年奥斯卡最佳动画短片《包宝宝》的分析，并将其中与两个主要角色（妈妈和包子宝宝）相关的情感、判断及其实现方式进行了汇总。该动画没有人物对话，所有的故事情节靠人物表情、动作和声音推动，非语言的符号资源在表达态度方面就显得十分重要。表 5-1 显示的是该动画短片中妈妈和包子宝宝所表达的情感类型和实现方式。

---

① FENG D Z, O'HALLORAN K L. Representing Emotive Meaning in Visual Images: A Social Semiotic Approach [J]. Journal of Pragmatics, 2012, 44 (14): 2067-2084.

② FENG D Z, O'HALLORAN K L. The Multimodal Representation of Emotion in Film: Integrating Cognitive and Semiotic Approaches [J]. Semiotica, 2013 (197): 79-100.

③ Feng D Z. Modelling Appraisal in Film: A Social Semiotic Approach [D]. Singapore: National University of Singapore, 2014.

④ ECONOMOU D. Photos in the News: Appraisal Analysis of Visual Semiosis and Verbal-Visual Intersemiosis [D]. Sydney: University of Sydney, 2009.

⑤ UNSWORTH L. Persuasive Narratives: Evaluative Images in Picture Books and Animated Movies [J]. Visual Communication, 2015, 14 (1): 73-96.

⑥ UNSWORTH L. Persuasive Narratives: Evaluative Images in Picture Books and Animated Movies [J]. Visual Communication, 2015, 14 (1): 73-96.

⑦ YU H L, YANG T Y. Loving Mother VS. Controlling Mother: Visual Attitude and Reading Positions in the Short Film Bao [J]. Social Semiotics, 2020, 32 (3): 1-19.

表 5-1 动画短片中人物的情感及其实现方式

情感主体	情感类型	视觉实现方式	图例
妈妈	-安全性（惊讶）	眼睛睁得大大的，嘴巴张开	
	+愉悦性（喜爱）	眼睛弯弯，嘴角上扬，温柔地捧着/看着包子宝宝	
	-愉悦性（伤心）	嘴角下垂，眉头紧皱，双手下垂，眼泪，等等	
	-满意性（愤怒）	嘴巴紧抿，眉毛紧皱，双手握拳上扬	
包子宝宝	+愉悦性（开心）	嘴巴张开，绕圈奔跑，笑声	
	-满意性（愤怒）	嘴巴紧抿，转身背对妈妈	

由表 5-1 可以看出，角色的情感主要由角色的表情、动作直接体现。而由于图片这一媒介本身的局限，对角色的判断一般只能以间接的方式引导观众自己去做出。表 5-2 显示的是动画短片中对人物的判断及其主要实现方式。

表5-2 动画短片中对人物的判断及其实现方式

判断对象	判断类别	实现方式	图例
妈妈	社会约束：+恰当性	对包子宝宝细心的爱护和照顾（例如，为包子宝宝做饭、喂他吃东西等）	
	社会评判：+能力性	熟练地包包子，动作娴熟地做好一桌美食	
	社会约束：-恰当性	阻止包子宝宝出门，将包子宝宝一口吞下	
包子宝宝	社会约束：-恰当性	拒绝妈妈示好，当着妈妈的面用力关门，与未婚妻一起离家出走	
	社会评判：+态势性	可爱的包子形象，与妈妈之间的温馨互动等	

如表5-2所示，对动画中人物的判断，主要依靠展示人物的动作，并依据约定俗成的文化对该动作（以及该动作所体现的人物特征）进行判断。图片本身很难做出类似语言中"她是一个好妈妈"一样的直接判断，主要依靠选择从特定角度呈现特定的动作，指引观众按照导演的意图来对人物进行判断。

除了视觉信息，声音信息在体现人物的情感方面也很重要。哭声、笑声属于直接的情感表达，而音乐中的旋律和节奏有助于营造导演所需的氛围，对画面中通过人物表情或肢体语言所表达出来的情感进行强化和升华。影视研究领域，学者们①也普遍认为，导演通过有意选择画面和声音，引导观众对某些电影中的某些角色产生情感共鸣，或做出价值判断。

在对纪录片《巍巍天山》进行分析时，本章主要用到的分析方法是多模态转录（multimodal transcription）。多模态转录最开始由蒂博（P. J. Thibault）②提出，作为使用语言对多模态文本进行呈现的一种方式。随后，泰勒（C. Taylor）③将这一方法应用于多模态翻译研究，并对之进行了改进。改进后的多模态转录同时包括多模态文本中的图片、对（动态）图片的描述、声音和文字，尽可能地为读者提供包括视觉、听觉和文字信息在内的多模态文本信息。在下节的讨论中，所有的例子都是使用多模态转录的方式进行呈现的。

此外，在分析态度的过程中，笔者发现，同一个语言表达或视觉画面可能同时传递不同的态度，这种情况被称为态度的"双重标注"（double coding）④或"评价融合"（appraisal blends）⑤。例如，受害者家人为受害者在恐怖袭击事件中所受到的伤害而哭泣的画面，其所表达的主要态度是伤心（情感），该画面也可以引发对恐怖主义的反对（鉴赏）和对恐怖分子的负面评价（判断）。在分析时，所有这些态度都被包括在内，其中直接表达的情感置于

① SMITH M. Engaging Characters: Fiction, Emotion and the Cinema [M]. Oxford: Oxford University Press, 1995; TAN E S. Emotion and the Structure of Narrative Film: Film as an Emotion Machine [M]. London: Routledge, 2011; GRODAL T, KRAMER M. Empathy, Film, and the Brain [J]. Semiotic Inquiry, 2010, 30 (1): 19–35.

② THIBAULT P J. The Multimodal Transcription of a Television Advertisement: Theory and Practice [M] //BALDRY A P. Multimodality and Multimediality in the Distance Learning Age. Campobasso: Palladino Editore, 2000: 311–385.

③ TAYLOR C. Multimodal Transcription in the Analysis, Translation and Subtitling of Italian Films [J]. The Translator, 2003, 9 (2): 191–205; TAYLOR C. Multimodal Text Analysis and Subtitling [M] //VENTOLA E, CHARLES C, KALTENBACHER M. Perspectives on Multimodality. Amsterdam: John Benjamins Publishing Company, 2004: 153–172; TAYLOR C. The Multimodal Approach in Audiovisual Translation [J]. Target, 2016, 28 (2): 222–236.

④ PAGE R E. An Analysis of Appraisal in Childbirth Narratives with Special Consideration of Gender and Storytelling Style [J]. Text & Talk, 2003, 23 (2): 211–238; LEE S H. An Application of Multiple Coding for the Analysis of Attitude in an Academic Argument [J]. Linguistics and the Human Sciences, 2007, 3 (2): 165–190.

⑤ BEDNAREK M. Polyphony in Appraisal: Typological and Topological Perspectives [J]. Linguistics and the Human Sciences, 2007, 3 (2): 107–136.

最上方,而其引发的态度(鉴赏和判断)置于下方。对纪录片《巍巍天山》中态度的分析结果将在下一小节进行呈现和讨论。

第四节 分析结果与讨论

根据前面小节提出的理论基础与分析方法,对纪录片《巍巍天山》进行分析,共识别出 359 个表达态度的场景,其中主要表达情感的场景 119 个,判断 110 个,鉴赏 130 个。更详细的信息如表 5-3 所示。

表5-3 《巍巍天山》中的态度分析汇总（+表示积极态度,-表示消极态度）

情感		判断		鉴赏	
愉悦性	+21,-17	态势性	+0,-1	反应性	+12,-20
安全性	+8,-5	能力性	+19,-23	构成性	+5,-9
满意性	+6,-10	可靠性	+21,-0	估值性	+25,-59
意愿性	+46,-6	真诚性	+0,-4		
		恰当性	+4,-38		
合计	119(+81,-38)	合计	110(+44,-66)	合计	130(+42,-88)

表5-3 显示,《巍巍天山》中,三种态度类型基本呈均衡分布的状态,其中鉴赏稍多(130),情感次之(119),判断最少(110),但彼此之间相差不大。也就是说,纪录片中对恐怖主义事件及其相关内容的评价(鉴赏)、对所涉及人物及其行为的评价(判断)和人物语言或动作直接表露的情感出现频率基本相当。因此可以认为,这部纪录片并没有过度依赖某一种态度类型(如过度依赖对恐怖主义的谴责或对恐怖分子及其行为的判断)。其次,就态度的属性而言,鉴赏和判断中,消极态度多于积极态度(88>42,66>44),而与此相反的是,积极情感远多于消极情感(81>38)。因此,同样也可以认为,这部纪录片并不单纯传递消极态度,其中的人物在表达情感时,积极的

情感反而出现更多。下面将按照纪录片的四个组成部分（"青山处处""幸存者说""反恐之战""向阳而生"），对其中的态度进行具体讨论。

一、第一部分"青山处处"中的态度

纪录片第一部分"青山处处"，正像其英文名称"Life and Death"所显示的那样，讲述的是新疆反恐武警战士和恐怖分子的生死斗争。在这个斗争过程中，敌人在暗，防不胜防。有时出于对政府的敌视和挑战，恐怖分子还会特意将新疆当地的政府工作人员、公安民警作为袭击对象，造成大量政府工作人员的伤亡。同时，因为得到国外势力的资助，许多恐怖分子接受过专业训练，拥有良好的武器装备，给反恐工作带来极大的挑战，每一次反恐行动，都可能是一次生离死别。对这一部分出现的态度进行分析，得到的结果如表5-4所示。

表5-4　第一部分"青山处处"态度分析汇总（+表示积极态度，-表示消极态度）

情感		判断		鉴赏	
愉悦性	+4, -5	态势性	+0, -1	反应性	+3, -0
安全性	+1, -0	能力性	+10, -3	构成性	+3, -5
满意性	+3, -0	可靠性	+8, -0	估值性	+3, -12
意愿性	+8, -4	真诚性	+0, -4		
		恰当性	+2, -15		
合计	25 (+16, -9)	合计	43 (+20, -23)	合计	26 (+9, -17)

表5-4显示，纪录片的第一部分，判断出现最多（43），且其中既有正面判断也有负面判断。鉴赏和情感出现频率基本相同（26，25）。这一结果与第一部分的主要内容是一致的。因为这一部分主要关注的是与恐怖分子做斗争的反恐战士，所以较多的态度是对恐怖分子和反恐特警及其行为的判断。对恐怖分子及其行为的判断是消极的，而对反恐特警及其行为的判断是积极的。

以表5-5中的场景为例。表中例1显示的是2015年的监控画面，一群恐

怖分子持刀闯入一个煤矿，对手无寸铁的煤矿工人肆意杀戮。图片中恐怖分子的动作和解说词中的"残忍的杀戮"，可以实现对恐怖分子行为的消极判断（触犯了道德和法律，行为不恰当）。而这次事件造成的结果"16人死亡，18人受伤"则实现了对这次恐怖袭击事件的消极鉴赏（造成了严重的后果，消极社会价值）。与例1相对，例2中显示了反恐武警战士每天都要翻山越岭，在野外寻找任何可能的恐怖分子藏身之处，并将其捣毁。画面、声音和受采访的武警战士的语言，都体现了对保卫新疆安全的武警战士的积极鉴赏（可靠，有能力）。而例3中，反恐战士到人民英雄纪念碑前，纪念曾经与自己并肩作战但不幸牺牲的队友，此时突出的是对队友的怀念和尊敬（积极的情感），同时也引发了对所有为反恐事业献出生命的战士的积极判断。

表5-5　第一部分"青山处处"中的态度示例

	镜头	图片和人物动作	语言	声音	态度
1		一群恐怖分子持刀闯入煤矿，大肆砍杀	监控视频记录下了残忍的杀戮。袭击致16人死亡，18人受伤	缓慢、悲伤的音乐	消极判断 消极鉴赏
2		一队反恐特警肩上背着背包，在野外巡逻	我们每天都用无人机对我们的山进行巡逻	采访人员讲话的声音，背景音	积极判断
3		几个反恐战士脱帽对着纪念碑敬礼	他的名字被刻在了阿克苏人民英雄纪念碑上	低缓的背景音	积极情感 积极判断

通过大量采用第一手的监控画面，采访处在反恐第一线的武警战士，呈现从恐怖分子手中缴获的武器，第一部分突出了新疆反恐斗争的激烈和残酷，为纪录片的其他三部分奠定了情感基础。

二、第二部分"幸存者说"中的态度

纪录片第二部分"幸存者说"关注的是在新疆多次恐怖袭击中幸存下来的受害者，如因为经历了乌鲁木齐恐怖袭击事件而需要长期接受心理治疗的病人张女士，心理咨询师夏叶玲，双腿被炸弹炸掉的少女迪丽卡玛尔及其家人，2014年艾提尕尔清真寺恐怖袭击遇害的大毛拉的儿子买买提·居玛依玛，与大毛拉一起遇袭的米尔艾合买提江·肉孜。记者甚至还采访了一名亲自参与恐怖袭击的犯罪分子。对这一部分进行态度分析的结果如表5-6所示。

表5-6　第二部分"幸存者说"态度分析汇总（+表示积极态度，−表示消极态度）

情感		判断		鉴赏	
愉悦性	+5，−10	态势性	+0，−0	反应性	+1，−0
安全性	+6，−14	能力性	+3，−9	构成性	+2，−6
满意性	+1，−0	可靠性	+4，−0	估值性	+2，−16
意愿性	+13，−2	真诚性	+0，−0		
		恰当性	+2，−10		
合计	51（+25，−26）	合计	28（+9，−19）	合计	27（+5，−22）

表5-6显示，第二部分中，人物所表达的情感（51）占主导地位，且积极情感和消极情感基本平均分布（25，26）。对人物及其行为的判断和对事物的鉴赏较少（28，27），且都是消极的态度多于积极的态度。

表5-7中，例1是恐怖袭击受害者迪丽卡玛尔的父亲接受采访，讲述自己年轻的女儿在街头因为恐怖分子引爆炸弹而失去了双腿后，父母的担忧和伤心。父亲所说的话（头发全白了）、伤心的面部表情、擦泪的动作和哽咽的声音，都表达了受害者亲人的消极情感（伤心、难过），同时也可能引发对恐怖分子和恐怖主义的消极判断和鉴赏。例2和例1十分类似，亲身经历了恐怖袭击、亲眼看着恐怖分子将大毛拉砍杀在自己面前的米尔艾合买提江·肉孜，提起那天的经历还是十分惊慌和难过。例3中，双腿被炸断的少女迪丽

卡玛尔虽然经历了人生中最痛苦的阶段，但仍然保持着积极的心态，她微笑的表情和轻柔的语气也显示，她的内心是平静且充满希望的（她希望自己所学的护理专业能够帮助更多的人）。这个例子不仅展示了迪丽卡玛尔的积极情感，同时也能够在观众心中激发对她的积极判断。这一点，在迪丽卡玛尔父亲接下来的话中也有直接体现，他说，"我的女儿很坚强"。

表5-7　第二部分"幸存者说"中的态度示例

	镜头	图片和人物动作	语言	声音	态度
1		受害者父亲讲述女儿双腿被炸断后的经历，拿手帕擦眼泪	八月份出事，十二月份，我们的头发全白了	父亲哽咽的声音	消极情感 消极判断 消极鉴赏
2		被采访者眉头紧皱，表情痛苦，强忍着眼泪	想这件事，我就害怕、冒冷汗，想这个事情我就想哭	恐怖袭击亲历者缓慢讲述的声音	消极情感 消极判断 消极鉴赏
3		被采访者面带微笑，面对记者讲述自己的内心感受	大难不死，我觉得自己很幸运，特别的幸运	采访者轻柔的说话声，舒缓的背景音乐	积极情感 积极判断

因此，纪录片第二部分"幸存者说"中，尽管被采访者都讲述了自己因为恐怖袭击事件所受到的伤害和影响，表露了消极的情感，且引发了观众对恐怖分子和恐怖主义的消极判断和鉴赏，但也有很多像例3一样的情况，受害者仍然对未来充满希望，认为随着社会逐渐安定，生活还要继续，因为他们面前还有很长、很美好的路。甚至在提到参与恐怖袭击，导致自己失去双腿的恐怖分子时，受害者还会对记者表示，那些人也是受到了网络上有害信息的影响，他们也是恐怖主义的受害者。与单纯展示痛苦、对恐怖分子进行严厉批判相比，这种积极与消极并存、更为复杂的情感显得更加真实，也更能打动观众，并引人深思。

三、第三部分"反恐之战"中的态度

纪录片第三部分"反恐之战"展示的是恐怖分子与反恐战士的直接斗争，关注为反恐事业而献出生命的特警战士及其家人，恐怖分子所使用武器和手段的不断改进，以及新疆反恐形势的严峻。对第三部分进行态度分析的结果如表5-8所示。

表5-8　第三部分"反恐之战"态度分析汇总（+表示积极态度，-表示消极态度）

情感		判断		鉴赏	
愉悦性	+2，-9	态势性	+0，-0	反应性	+0，-1
安全性	+1，-1	能力性	+3，-4	构成性	+1，-4
满意性	+1，-0	可靠性	+3，-0	估值性	+3，-27
意愿性	+3，-0	真诚性	+0，-0		
		恰当性	+0，-13		
合计	17（+7，-10）	合计	23（+6，-17）	合计	36（+4，-32）

表5-8显示，第三部分出现频率最高的态度是对事物的鉴赏（36），且以消极鉴赏为主。鉴赏内部又以负面的估值性最高。对人物及其行为的判断（23）也以消极判断为主，且主要集中在行为的不恰当性。人物直接表达的情感出现较少（17），但也以消极情感为主（主要为不高兴）。

表5-9　第三部分"反恐之战"中的态度示例

	镜头	图片和人物动作	语言	声音	态度
1		一辆公交车在熊熊燃烧，一辆小汽车内的驾驶员满脸鲜血	1997年伊宁市"2·5"事件标志着一段时间内暴恐活动的激增	除了解说员的声音，没有任何背景音	消极鉴赏消极判断

续表

	镜头	图片和人物动作	语言	声音	态度
2		受害人躺在地上，一动不动，满身鲜血	从过去的刀枪，后来就发展到汽车碾压	被采访人员的说话声	消极鉴赏消极判断
3		葬礼上，一个男子在低头擦眼泪	恐怖活动每到一处，都带来生命的消逝和心灵的破碎	除了解说员的声音，没有任何背景音	消极鉴赏消极判断消极情感

表5-9中，3个例子都涉及对恐怖主义和恐怖袭击事件的消极鉴赏（负面的社会价值），同时也引发观众对参与/实施了恐怖活动的恐怖分子的消极判断（行为不妥当，触犯了法律）。最后一个例子中，解说员的语言实现了对恐怖袭击事件和恐怖分子的消极鉴赏和判断，而画面上，（遇难人员的）葬礼和低头擦泪的亲人则传递了受害者家属的负面情感（伤心、难过）。同样的态度也出现在纪录片中对泽普县遇害警官胡达拜地·托合提家人的采访中，受害人的二女儿带着记者回到了父亲遇害的旧居，在回忆的过程中泣不成声。而第三部分的最后，遇害警官托合提的女儿古力那扎尔（一名女特警）四岁的儿子说："我要当哈勒比（警察）。"古力那扎尔本人也说："希望能出自己的一份力，让大家过得更好。"这些语言中所体现的则是积极的情感（倾向性），代表着反恐战士及其家人朴素的心愿。

四、第四部分"向阳而生"中的态度

纪录片第四部分"向阳而生"（Securing the Future）讲述的主要是边境官兵、新疆当地民兵和普通百姓对国家反恐事业的支持，宗教极端思想对年轻人的危害，以及政府针对当地很多人受教育水平低、就业能力低的问题，通过大力发展教育事业、促进年轻人就业等方式推动新疆经济发展，从根本上铲除极端宗教主义和恐怖主义生存的土壤。对这一部分进行态度分析的结果如表5-10所示。

表 5-10　第四部分"向阳而生"态度分析汇总（+表示积极态度，-表示消极态度）

情感		判断		鉴赏	
愉悦性	+10, -3	态势性	+0, -0	反应性	+6, -0
安全性	+0, -0	能力性	+3, -7	构成性	+3, -11
满意性	+1, -0	可靠性	+6, -0	估值性	+17, -4
意愿性	+16, -0	真诚性	+0, -0		
		恰当性	+1, -1		
合计	30（+27, -3）	合计	18（+10, -8）	合计	41（+26, -15）

　　表5-10显示，第四部分占主导地位的态度是对事物的鉴赏（41）和片中人物直接表达的情感（30），对人物及其行为的判断（18）使用最少。且这一部分态度的一大特点，是不管是鉴赏、情感还是判断，积极态度都高于消极态度，这也很好地契合了这一部分的小标题"向阳而生"。

　　表5-11中所展示的例子体现的都是积极的态度。例1评价的是政府在新疆地区实行的双语教育，这一教育政策使很多当地的年轻人从小就可以掌握普通话，不仅开拓了其视野，也为其今后的就业、创业提供了极大的优势。例2和例3都是关于新疆普通人对未来的希望（积极的情感）。例2呈现的是住在边疆，一辈子从事边疆防护工作的新疆当地老人塔夏·买买提热依木，他的话中除了积极情感，也有对守边事业的积极鉴赏（光荣的事业）。例3画面中出现的巴哈古丽·艾尔青，因为父亲受到宗教极端主义思想的毒害，她在14岁的时候被强行嫁给一个年龄很大、已经有6个老婆的男人。现在，巴哈古丽离了婚，找到了一份工作，也重新组建了新的家庭，她所表露出的是对自己的下一代以及未来生活的美好向往。除了例子中所展示的，在第四部分也有对宗教极端主义和恐怖主义的消极鉴赏，以及对新疆边远地区因经济落后和知识水平有限而受到极端思想蛊惑的人们的消极判断。但正如前面所提到的，这一部分的态度整体上是以积极态度为主的。

表 5-11　第四部分"向阳而生"中的态度示例

	镜头	图片和人物动作	语言	声音	态度
1		穿校服的小学生在教室认真听课	即使是在新疆的边远地区，这一政策也带来了改变	教室中老师用普通话讲课的声音，琅琅读书声	积极鉴赏
2		塔夏·买买提热依木在自己的家中接受采访	我希望孩子们继承这份光荣的守边事业	舒缓的背景音乐，维吾尔语	积极情感积极鉴赏
3		一家人围在桌边，高高兴兴地交谈，妈妈抱着孩子	今后希望能够让孩子得到更好的教育，夫妻俩跟孩子好好生活	小孩子拍手用普通话唱儿歌的声音	积极情感

结语

　　本章以多模态评价理论为基础，对纪录片《巍巍天山》中所传达的态度进行了分析。分析发现，以整个纪录片为单位，《巍巍天山》中三种态度类型基本呈均衡分布的状态，其中鉴赏稍多（130），情感次之（119），判断最少（110），但彼此之间相差不大。以纪录片的每一部分为单位，第一部分以对恐怖分子和反恐特警及其行为的判断为主，鉴赏和情感出现频率基本相同。其中对恐怖分子及其行为的判断是消极的，而对反恐特警及其行为的判断是积极的。第二部分中，人物所表达的情感占主导地位，既有积极情感，也有消极情感，对人物及其行为的判断和对事物的鉴赏出现较少。第三部分出现频率最高的态度是对事物的鉴赏，其次是判断，人物直接表达的情感出现较少，但不管是哪种态度，消极态度都多于积极态度。第四部分占主导地位的态度是对事物的鉴赏和片中人物直接表达的情感，对人物及其行为的判断使用最少。且这一部分态度的一大特点是，不管是鉴赏、情感还是判断，积极态度都高于消极态度，与第三部分形成了鲜明对比。

　　每一部分态度类型的分布并不是随意的，而是为了突出该部分的主题。例如，第三部分的主题是"反恐之战"，关注的是新疆恐怖袭击事件的频发及其造成的严重破坏，以及党和政府所做出的相应对策，所以这一部分对恐怖主义和恐怖事件的鉴赏最多，其次是对反恐特警战士及恐怖分子的判断。而第四部分"向阳而生"展示的是新疆的过去、现在和未来，尤其是包括教育在内的各种国家政策对新疆经济发展和人民素质提高的巨大作用，所以积极的鉴赏占主导地位，受采访人员所表露的情感也以积极情感为主，展现了对美好生活的向往。同时，第四部分作为纪录片的结尾，突出积极的态度，让观众在看完纪录片之后，心存美好，心存向往，也是一种极为难得的情感体验。可能也正因如此，虽然在《巍巍天山》之前，中国国际电视台已经推出两部反恐纪录片，但有观众明显认为，与前两部纪实、说理为主的纪录片相比，《巍巍天山》在情感上更为饱满、更为细腻，也更能打动人心。

第六章

《武汉战疫纪》中的再现模式、合法化策略与态度研究

"合法化"（legitimation）是指"说话者解释其为什么做或要去做某事，以及为什么该行为是合理的，或是可以接受的"①。理论上讲，所有的语言表达都可以用来实现合法化，也就是说，合法化既存在于政治文本中，也存在于日常对话中，但合法化最重要或最关键的时候，通常是政府的合法地位因突发事件而受到质疑或挑战的时候。

一方面，突发事件，不管是火灾、地震、恐怖袭击，还是传染病暴发，都极有可能对现有政治秩序产生冲击。另一方面，对于执政党来说，如果能够较好地处理突发事件，突发事件反而会成为其巩固现有统治的一个机会。②这一道理在过去 20 年间发生的很多突发事件中都得到验证，例如，美国发生的"9·11"事件（2001 年）、中国的汶川地震（2008 年）、日本的核泄漏事件（2012 年）以及近几年的新冠疫情。从某种程度上讲，这些灾难性事件已经不仅仅是能够导致严重生命和财产损失的自然或人为事件，通过一次次的话语重构，它们很快被转化为政治事件，以文字、图片、声音等方式在不同语境中再现，实现不同的目的。

---

① VAN DIJK T A. News as Discourse [M]. Hillsdale：Lawrence Erlbaum Associates，1988：256.

② SCHNEIDER F，HWANG Y J. The Sichuan Earthquake and the Heavenly Mandate：Legitimizing Chinese Rule through Disaster Discourse [J]. Journal of Contemporary China，2014，23（88）：636-656.

之前有关合法化的研究主要关注语言在合法化中的作用①，对语言之外的多模态文本也有涉及，如历史教材②、政治广告③、儿童绘本④等。多模态文本中的合法化研究十分重要，因为合法化的实现不仅需要语言，也需要借助视觉和听觉符号。⑤ 更重要的是，正如本章所提出的，在研究多模态文本中的合法化时，学者应当熟知其他相关领域中的已有研究成果，并在自己的研究中加以借鉴。

正因如此，本章主要研究纪录片中的合法化，旨在将已有的纪录片再现模式研究引入合法化研究领域，并关注其中态度的重要作用。纪录片是"通过对现实的创造性处理，达到教育和劝说目的的一种电影类型"⑥。尽管纪录片作为政治宣传手段的历史可以追溯到电影诞生初期⑦，但迄今为止，很少有学者关注纪录片的合法化功能。纪录片对世界进行再现、传递思想的方式在尼科尔斯⑧的著作中已得到系统研究。尼科尔斯提出了纪录片中的6种再现模

① MARTÍN ROJO L, VAN DIJK T A. "There Was a Problem, and It Was Solved!": Legitimating the Expulsion of "Illegal" Migrants in Spanish Parliamentary Discourse [J]. Discourse & Society, 1997, 8 (4): 523-567; VAN LEEUWEN T. The Grammar of Legitimation [M]. London: School of Printing, School of Media, 1996; VAN LEEUWEN T. Legitimation in Discourse and Communication [J]. Discourse & Communication, 2007, 1 (1): 91-112; VAN LEEUWEN T. Discourse and Practice: New Tools for Critical Discourse Analysis [M]. Oxford: Oxford University Press, 2008; VAN LEEUWEN T, WODAK R. Legitimizing Immigration Control: A Discourse-Historical Analysis [J]. Discourse Studies, 1999, 1 (1): 83-119.
② PELED-ELHANAN N. Legitimation of Massacres in Israeli School History Books [J]. Discourse & Society, 2010, 21 (4): 377-404.
③ MACKAY R R. Multimodal Legitimation: Looking at and Listening to Obama's Ads [M] // CAP P, OKULSKA U. Analyzing Genres in Political Communication. Amsterdam: John Benjamins, 2013: 345-377.
④ LIANG J Y, BOWCHER W L. Legitimating Sex Education through Children's Picture Books in China [J]. Sex Education, 2019, 19 (3): 329-345.
⑤ VAN LEEUWEN T. Legitimation and Multimodality [M] //WODAK R, FORCHTNER B. The Routledge Handbook of Language and Politics. London: Routledge, 2018: 218-232.
⑥ GRIERSON J. Grierson on Documentary [M]. London: Faber & Faber, 1966: 13.
⑦ FRIEDMANN A. Writing for Visual Media [M]. Boston: Focal Press, 2010.
⑧ NICHOLS B. Representing Reality: Issues and Concepts in Documentary [M]. Bloomington: Indiana University Press, 1991; NICHOLS B. Introduction to Documentary [M]. Bloomington: Indiana University Press, 2017.

式：解说模式（expository mode）、参与模式（participatory mode）、观察模式（observational mode）、表演模式（performative mode）、自反模式（reflexive mode）和诗学模式（poetic mode）。在此基础上，本章提出，每一种模式都倾向于凸显某些合法化策略，每一种合法化策略都与特定的态度有关。再现模式、合法化策略与态度共同构成了纪录片的合法化框架，这一框架与已有研究中提出的语言的合法化既有关联，又有不同。在关注合法化策略的同时，本章还提出，态度会渗透到每一种合法化策略之中。态度的类别和作用，在马丁及其他学者的评价体系框架内可以得到更好的解释①。

　　本章的研究案例是中国国际电视台（CGTN）2020 年 2 月 28 日发布的纪录片 The Lockdown：One Month in Wuhan（《武汉战疫纪》），主要分析该纪录片如何对新冠疫情期间，拥有 1100 多万人口的武汉实行严格封城这一举措进行合法化。对该纪录片进行研究，有助于理解中国政治背景下合法化策略的运用。此外，自 20 世纪 20 年代以来，纪录片一直是中国大众教育和公共宣传的重要手段②。它也被看作一种"国际化语言"，在危急时刻，媒体专业人士经常借助纪录片向外界展示真实的中国国情③。

---

① MARTIN J R. Beyond Exchange：Appraisal Systems in English ［M］//HUNSTON S, THOMP-SON G. Evaluation in Text：Authorial Stance and the Construction of Discourse. Oxford：Oxford University Press, 2000：142-175；MARTIN J R, WHITE P R R. The Language of Eval-uation：Appraisal in English ［M］. Hampshire：Palgrave Macmillan, 2005；WHITE P R R. Appraisal：The Language of Evaluation and Stance ［M］//ZIENKOWSKI J, ÖSTMAN J-O, VERSCHUEREN J. Handbook of Pragmatics. Amsterdam：John Benjamins, 2011：14-36.

② CHU Y C. Chinese Documentaries：From Dogma to Polyphony ［M］. London：Routledge, 2007.

③ 王永利. 王永利：纪录片用国际化语言真实记录中国战疫情实况有力引导舆论 ［EB/OL］. 中国日报网，2020-02-17.

第一节　*The Lockdown*：*One Month in Wuhan*
（《武汉战疫纪》）

《武汉战疫纪》是中国国际电视台于 2020 年 2 月 28 日发布的纪录片，时长为 33 分钟。该纪录片通过影像资料、解说者旁白和采访等手段回顾了新冠疫情初期武汉封城一个月（1 月 23 日至 2 月 24 日）的抗疫历程。该纪录片是第一部与新冠疫情相关的纪录片，片中人物使用的语言包括英语、汉语普通话和武汉方言，影片带有英汉双语字幕，以便国内外观众观看。

有关该纪录片的制作目的，片尾有文字说明，"谨以此片献给所有坚持在抗'疫'一线战斗的人们，这场为保护全人类的战'疫'将永被铭记"。同时，该纪录片也旨在证明中国政府对武汉实行封城这一决定的正确性和合理性。自从 2020 年 1 月 23 日，中国政府宣布武汉封城的决定后，来自各方的批评和指责不断。武汉拥有 1100 多万常住人口，将这么多人严格隔离起来，这一规模是史无前例的。有人认为，中国政府的这一决定十分残忍，侵犯了人权①，对于遏制疫情不会有任何作用②。随着封城持续进行，不少西方媒体开始报道武汉市内的"恶劣情况"③，并指责中国政府不负责任、没有领导能力④。

中方则认为，这些报道是虚假新闻，旨在误导国际读者，并随即要求中国主流媒体发出自己的声音，向世界呈现国内的真实情况。在这一背景下，中国国际电视台迅速制作并发布了第一部有关武汉封城的英文纪录片。据这

---

① BEQUELIN N. Explainer：Seven Ways the Coronavirus Affects Human Rights［EB/OL］. Amnestry. org，2020-02-05.

② BERNSTEIN L，CRAIG T. Unprecedented Chinese Quarantine Could Backfire，Experts Say ［EB/OL］. The Washington Past，2020-01-24.

③ FANG J，WEEDON A，HANDLEY E. Coronavirus Covid-19's Wuhan Lockdown，a Month on ［EB/OL］. ABC，2020-02-23.

④ BUCKLEY C，HERNÁNDEZ J C. China Expands Virus Lockdown，Encircling 35 Million ［EB/OL］. New York Times，2020-01-23.

部纪录片的导演说，该纪录片的拍摄目的之一，是反对部分带有偏见的国外媒体对中国的"妖魔化"。①

尽管严格意义上讲，每一部纪录片背后都有其意识形态②，但中国的官方纪录片总是更容易被批判，被认为是政治宣传的工具③。在某种程度上，这与部分中国纪录片的常用模式有关：以说教为目的，不太注重电影的艺术性和观众的主动参与。与以往专门针对国内观众、存在说教现象的纪录片不同，《武汉战疫纪》采取了较为委婉的电影风格，且考虑了国际观众的心理预期。这在其接受程度上得到了充分体现，仅在 YouTube 上，《武汉战疫纪》的观看次数就已超过 2000 万次，一举成为近年来在国际上最受关注的国产纪录片之一。

第二节　批评性话语分析与社会符号学中的合法化研究

批评性话语分析和社会符号学领域有关合法化的研究始于范·卢文④。随后，范·卢文和沃达克（R. Wodak）⑤ 提出 4 种合法化话语策略：权威（authorization），即通过引证权威人物或传统实现合法化；说理（rationalization），即通过论证行为的有效性实现合法化；道德评价（moral evaluation），即通过引证特定文化的价值观念实现合法化；创造神话（mythopoesis），即通过讲述

---

① 戎钰. 这部英文纪录片，让全世界看到最真实的武汉"战疫"［EB/OL］. 网易，2020-03-10.

② NICHOLS B. Speaking Truths with Film：Evidence，Ethics，Politics in Documentary ［M］. Oakland：University of California Press，2016.

③ CHU Y C. Chinese Documentaries：From Dogma to Polyphony ［M］. London：Routledge，2007.

④ VAN LEEUWEN T. The Grammar of Legitimation ［M］. London：School of Printing，School of Media，1996.

⑤ VAN LEEUWEN T，WODAK R. Legitimizing Immigration Control：A Discourse-Historical Analysis ［J］. Discourse Studies，1999，1（1）：83-119.

看似合理的故事实现合法化。范·卢文①在后来的著作中也重新讨论了这些合法化策略，并指出，一个文本中，合法化策略既可以单独使用，也可以相互组合。

范·卢文的合法化研究启发了其他学者。有的学者将他提出的框架应用于政治和教育话语分析，有的学者则试图改进范·卢文的框架并提出其他合法化策略。

马丁·罗霍（L. Martín Rojo）和范·迪克②研究西班牙内政部长的国会演讲稿如何运用了范·卢文所提出的4种合法化策略。佩尔德-埃尔哈南（N. Peled-Elhanan）③ 则分析了以色列中学历史教材如何对大屠杀及其后果进行合法化。梁雅梦和鲍切尔（W. L. Bowcher）④ 将合法化框架引入对汉语儿童性教育绘本的分析，里兹万（S. Rizwan）⑤ 则分析了巴基斯坦在线论坛的评论如何运用合法化策略表达评论者对不同宗教和文化思想的推崇。另外，雷耶斯（A. Reyes）⑥ 总结了美国总统演讲中常用的 5 种合法化话语策略：情感共鸣（emotions）、假设未来（a hypothetical future）、说理（rationality）、专家的声音（voices of expertise）和利他主义（altruism）。在范·卢文和雷耶斯研究的基础上，王国凤⑦以中国官方媒体新闻报道为语料，对其中的合法化策

---

① VAN LEEUWEN T. Legitimation in Discourse and Communication [J]. Discourse & Communication, 2007, 1 (1): 91–112; VAN LEEUWEN T. Discourse and Practice: New Tools for Critical Discourse Analysis [M]. Oxford: Oxford University Press, 2008.

② MARTíN ROJO L, VAN DIJK T A. "There Was a Problem, and It Was Solved!": Legitimating the Expulsion of "Illegal" Migrants in Spanish Parliamentary Discourse [J]. Discourse & Society, 1997, 8 (4): 523–567.

③ PELED-ELHANAN N. Legitimation of Massacres in Israeli School History Books [J]. Discourse & Society, 2010, 21 (4): 377–404.

④ LIANG J Y, BOWCHER W L. Legitimating Sex Education through Children's Picture Books in China [J]. Sex Education, 2019, 19 (3): 329–345.

⑤ RIZWAN S. Legitimation Strategies and Theistic Worldview in Sociopolitical Discourse: A Systemic Functional Critical Discourse Analysis of Pakistani Social Media Discourse [J]. Text & Talk, 2019, 39 (2): 235–260.

⑥ REYES A. Strategies of Legitimization in Political Discourse: From Words to Actions [J]. Discourse & Society, 2011, 22 (6): 781–807.

⑦ WANG G F. Legitimization Strategies in China's Official Media: the 2018 Vaccine Scandal in China [J]. Social Semiotics, 2020, 30 (5): 685–698.

略进行了归纳总结，即强调政府的积极行动、情感、说理、假设未来以及引用专家这 5 种合法化策略。

雷耶斯和王国凤的研究说明，情感在合法化过程中起着关键作用，且可以与其他合法化策略相结合。例如，通过讲述先前发生的不幸事故（如未接种疫苗而导致感染病毒）实现（接种疫苗）合法化属于说理，但这一过程本身就会导致读者内心产生（对事故的）恐惧，从而导致恐惧的情感与说理相结合，共同实现合法化。同样，描述政府为保护人民生命安全所做出的努力，一方面属于强调政府的积极行为，另一方面也可以引发读者对政府的正面评价（属于情感）。除此之外，在讨论合法化策略中的情感时，学者大都没有对"情感"进行分类，但仔细思考即可发现，尽管都属于"情感"，情感与情感之间也有着诸多不同。例如，恐惧属于人的主观感受，而正面的自我呈现和负面的他者呈现是基于普遍接受的价值观对人和行为的评价，对事物的评价则通常又是基于另一套标准。

基于上述考虑，本章认为，与其将情感从其他合法化策略中区分开来，我们还应该认识到，情感通常会渗透到各种合法化策略之中，贯穿整个合法化过程。同时，笔者也认为，马丁及其他学者①提出的态度系统可以用来更好地理解情感的合法化作用，该系统明确区分了人类的情感（情感，affect）、对人及其行为的评价（判断，judgement）以及对自然现象或人文艺术品的评价（鉴赏，appreciation）。

合法化不仅可以通过语言手段实现，还可以通过视觉和音乐手段实现。②

① MARTIN J R. Beyond Exchange：Appraisal Systems in English［M］//HUNSTON S，THOMPSON G. Evaluation in Text：Authorial Stance and the Construction of Discourse. Oxford：Oxford University Press，2000：142-175；MARTIN J R，WHITE P R R. The Language of Evaluation：Appraisal in English［M］. Hampshire：Palgrave Macmillan，2005；WHITE P R R. Appraisal：The Language of Evaluation and Stance［M］//ZIENKOWSKI J，ÖSTMAN J-O，VERSCHUEREN J. Handbook of Pragmatics. Amsterdam：John Benjamins，2011：14-36.

② VAN LEEUWEN T. Legitimation in Discourse and Communication［J］. Discourse & Communication，2007，1（1）：91-112；VAN LEEUWEN T. Legitimation and Multimodality［M］//WODAK R，FORCHTNER B. The Routledge Handbook of Language and Politics. London：Routledge，2018：218-232.

正如前文所述，许多合法化话语分析研究的都是多模态文本，这些分析借鉴了社会符号学中的多模态研究。① 同样，马丁等人提出的态度系统也已经扩展至多模态话语研究领域（参看本书第五章第三小节）。另外，之前关于合法化的研究很少涉及纪录片这一体裁。为填补这一空白，本章提出了一个纪录片合法化框架，其中综合了态度、再现模式和合法化策略。具体内容见下节。

第三节　纪录片的合法化：再现模式、合法化策略和态度

尼科尔斯②提出了纪录片的六种再现模式：解说模式、参与模式、观察模式、表演模式、自反模式和诗学模式。每种模式的具体定义如下：

1. 解说模式（expository mode）：着重使用旁白（解说词），注重论证逻辑。绝大多数人对纪录片的印象与这一模式密切相关。

2. 参与模式（participatory mode）：强调拍摄者与拍摄对象的互动。电影内容以采访为主，有时电影拍摄者也会以更直接的方式参与，如与拍摄对象进行对话或引导其讲话内容。

3. 观察模式（observational mode）：让观众通过摄像机，直接观看拍摄对象的日常生活，获得直观体验。

4. 表演模式（performative mode）：拍摄者对拍摄内容的主观表现，通常涉及表演艺术。

5. 自反模式（reflexive mode）：引导观众反思纪录片拍摄背后的理念和传统。

6. 诗学模式（poetic mode）：强调视觉联想、声调或韵律之美，采用描述

---

① KRESS G，VAN LEEUWEN T. Reading Images：The Grammar of Visual Design ［M］. London：Routledge，2006；VAN LEEUWEN T. Sound and Vision ［J］. Visual Communication，2007，6（2）：136-145.

② NICHOLS B. Representing Reality：Issues and Concepts in Documentary ［M］. Bloomington：Indiana University Press，1991；NICHOLS B. Introduction to Documentary ［M］. Bloomington：Indiana University Press，2017.

性片段，注重影片的形式。①

从解说模式到诗学模式，上述六种模式的排列顺序体现了从严格控制对观众的引导到逐渐放松解读限制的过渡。② 而且，这些模式提出观点的方式也各不相同，比如，解说模式主要通过权威的画外音表述（电影制作者的）观点，参与模式主要通过采访，观察模式则主要通过使观众直接观察被拍摄者的言谈举止，等等。

尽管遭到了少数学者的批评③，尼科尔斯的模式类型在纪录片研究领域仍产生了较大影响④。它的使用大致分为两种途径：一是从宏观层面分析在一部纪录片中占主导地位的再现模式；二是从微观层面，以镜头为单位，分析不同的再现模式在同一部纪录片中如何相互结合，吸引观众并表达观点。⑤ 考虑到现代纪录片的杂合性，本章分析采取第二种途径，主要关注不同再现模式在合法化过程中的作用。

在已有研究的基础上，本章提出了一个纪录片合法化框架，该框架综合了再现模式、合法化策略和态度（如表6-1所示）。笔者认为，根据其性质，纪录片中的合法化可分为两种：直接合法化和间接合法化。直接合法化是通过直接、明确的观点实现的合法化，每一个直接合法化的策略都可以单独实现合法化。间接合法化不能直接表达观点，其作用在于从情感上影响观众，对直接合法化策略提供支持。下文将重点讨论实现直接合法化的解说模式、参与模式和观察模式，简要讨论实现间接合法化的表演模式、自反模式和诗学模式。

① NICHOLS B. Introduction to Documentary ［M］. Bloomington：Indiana University Press，2017：31-32.
② CHU Y C. The Dogmatic Documentary：The Missing mode ［J］. New Review of Film and Television Studies，2015，13（4）：403-421.
③ BRUZZI S. New Documentary：A Critical Introduction ［M］. London：Routledge，2002；WARD P. Documentary：The Margins of Reality ［M］. London：Wallflower Press，2005.
④ CAGLE C. Postclassical Nonfiction：Narration in the Contemporary Documentary ［J］. Cinema Journal，2012，52（1）：45-65.
⑤ NATUSCH B，HAWKINS B. Mapping Nichols' Modes in Documentary Film：Ai Weiwei：Never Sorry and Helvetica ［J］. IAFOR Journal of Media，Communication and Film，2014，2（1）：104-127.

表 6-1　纪录片合法化框架

	再现模式	合法化策略	态度
直接合法化	解说模式	"上帝之声"解说词	情感
		专家发言	
		解说性字幕卡	
	参与模式	亲历者讲述	判断
	观察模式	观众直接观察	
间接合法化	表演模式	表演	鉴赏
	自反模式	揭露影片制作过程	
	诗学模式	蒙太奇，隐喻性图片和声音	

一、解说模式中的合法化

（一）"上帝之声"解说词

"上帝之声"解说词的权威性来自其声音特性和呈现方式。解说员的声音通常是受过专业训练，声音洪亮、清晰的男性嗓音①。再者，解说员仅仅通过声音与观众交流，其本人却是隐身的，这就导致一种错觉，即观众听到的声音似乎从天而降（所以被称为"上帝之声"）。正是因为这一声音"无法确定其来源"，因此它成为"知识的化身"②。用沃尔夫（C. Wolfe）的话来说，这种不见其人的说话声，"以一种脱离人类形体的方式出现，暗示在影片所呈现的时空之外，存在着一个绝对的知识权威"③。

---

① ROE A H. Playing God：Film Stars as Documentary Narrators ［M］//PRAMAGGIORE M，ROE A H. Vocal Projections：Voices in Documentary. Bloomsbury：Bloomsbury Academic，2019：11-28.

② DOANE M A. The Voice in the Cinema：The Articulation of Body and Space ［J］. Yale French Studies，1980（60）：33-50.

③ WOLFE C. Historicising the "Voice of God"：The Place of Vocal Narration in Classical Documentary ［J］. Film History，1997，9（2）：149-167.

（二）专家发言

档案和新闻影像是解说模式的重要组成部分。① 在这些影像中，权威专家常就相关话题发表见解。专家的发言，极有可能是之前接受与纪录片制作毫不相关的人的采访，也有可能是在某次讲座、演讲或电视新闻报道中的发言等。这些影像和声音资料随后被用于纪录片，以实现对某一观点或行为的合法化。尽管这些影像是从另一个摄像机中捕获的，但纪录片制作者可以使用诸如近镜头等技术，制造出一种专家与纪录片观众面对面的效果。专家的专业知识和社会地位（视觉上由服装和场景，语言上由头衔和地位介绍体现）使其发言具有权威性。此外，使用档案和新闻影像还可以制造一种现实主义和真实可靠的感觉，使专家的发言和观点显得更加客观、可信。

（三）解说性字幕卡

字幕卡是插入电影镜头与镜头之间，上面书写有文字的卡片。字幕卡分两种：对白字幕卡和解说性字幕卡。② 对白字幕卡与电影叙事内容相关，显示的是电影人物之间的对话内容。而解说性字幕卡与电影叙事内容无关，其对话对象是电影观众，目的在于突出制片人想要观众关注的信息③，也有助于引发特定的情感反应。例如，在有关灾难事件的纪录片中，解说性字幕卡上的文字"超过 1 万人死于这场灾难"，除了强调罹难者人数之多，还可以使观众的心灵受到震撼。这种效果还可以通过颜色来加强，如将白色或红色的文字置于纯黑背景之上。

二、参与模式中的合法化：亲历者讲述

参与模式通常以采访为主，采访对象成了可靠的信息来源。尽管接受采访的对象也可能是专家，但参与模式更关注普通人的参与。这意味着"从强

---

① NATUSCH B, HAWKINS B. Mapping Nichols' Modes in Documentary Film: Ai Weiwei: Never Sorry and Helvetica [J]. IAFOR Journal of Media, Communication and Film, 2014, 2 (1): 104-127.

② CHISHOLM B. Reading intertitles [J]. Journal of Popular Film and Television, 1987, 15 (3): 137-142.

③ JACKSON A D. Intertitles, History and Memory in Spring in My Hometown [J]. Journal of Japanese and Korean Cinema, 2017, 9 (2): 107-123.

调以创作者为中心的权威话语向强调以亲历者为中心的证言话语的转变"①。近景技术使观众与受访者面对面，创造了一种直接对话的效果。相比于不见其人的"上帝之声"解说词，亲历者的口头讲述展示的是个人观点和回忆。受访者的图像和话语之所以可以实现合法化效果，大都是因为观众"对见证者的（过度）信任"②。亲历者的"在场"，使得他们的个人经历成了合法化的最佳手段。当影片涉及多名受访者时，话语来源的多样性进一步提高了观众对电影（及其观点）的信任度。

三、观察模式中的合法化：观众直接观察

在观察模式中，电影制作者退居幕后并放松了对影片解读的控制。无声的摄像机变成了"墙上的苍蝇"（a fly on the wall），也成了观众的耳目，使其可以无任何障碍地观察镜头中人物的一言一行，并将观察到的任何行为都当作客观现实。直接观察之所以可以实现合法化，其原因在于人们认为摄像机不会说谎。③ 此外，这一模式中，观众也起到了更为积极的作用，他们根据自己的"亲眼所见"来解读纪录片。

四、表演模式、自反模式和诗学模式中的合法化

表演模式、自反模式和诗学模式以间接方式实现合法化。其合法化功能的实现通常需要与解说模式、参与模式或观察模式搭配使用。

表演模式中，电影制作者或其他人物的表演得到展示。其表演内容通常借鉴传统的表演艺术，并带有丰富的内涵。④ 表演的目的在于引发观众共鸣，使其认同表演者的立场，并最终实现合法化。自反模式主要用来呈现电影的

---

① NICHOLS B. Representing Reality：Issues and Concepts in Documentary [M]. Bloomington：Indiana University Press，1991：48.

② NICHOLS B. Representing Reality：Issues and Concepts in Documentary [M]. Bloomington：Indiana University Press，1991：138.

③ CHU Y C. The Dogmatic Documentary：The Missing Mode [J]. New Review of Film and Television Studies，2015，13（4）：403-421.

④ NICHOLS B. Introduction to Documentary [M]. Bloomington：Indiana University Press，2017.

制作方法，关注电影制作本身，而不是其内容。[①] 对电影制作过程的呈现，有助于观众相信电影内容的真实性，并反过来间接促进合法化的实现。诗学模式位于纪录片和剧情片的交界，主要通过蒙太奇、隐喻性图片和声音来创造意境、传递意义。这种模式的合法化主要通过强调情感，而非事实。

总之，每种再现模式都倾向于突出某些合法化策略。如果说，"上帝之声"解说词、专家发言和亲历者讲述与之前研究提出的"权威"策略有类似之处，其他的合法化策略则与纪录片本身的特点紧密相关。

五、合法化与态度

正如尼科尔斯[②]指出的，纪录片的强大力量，以及其对政府和各类组织的吸引力，主要因为纪录片"能够将说理与情感相结合"。纪录片中的图片不仅可以提供看得见的证据，也可以产生情感冲击，引导观众与电影中的人物和观点产生共鸣。情感可以浸染整个合法化过程。

本章研究中，对情感的分析依据的是马丁及其他学者[③]提出的态度系统。态度系统将人类感情分为情感、判断和鉴赏三大类。情感主要涉及人的主观感受（如高兴、伤心），判断涉及对人或人的行为的评判（如应该或不应该做什么），鉴赏主要涉及对人文艺术品和自然现象的评价（如物体/事物有何价值）。

态度可以是积极的，也可以是消极的，态度的表现方式也具有多样性。

---

① NATUSCH B，HAWKINS B. Mapping Nichols' Modes in Documentary Film：Ai Weiwei：Never Sorry and Helvetica ［J］. IAFOR Journal of Media，Communication and Film，2014，2（1）：104-127.

② NICHOLS B. Representing Reality：Issues and Concepts in Documentary ［M］. Bloomington：Indiana University Press，1991：138.

③ MARTIN J R. Beyond Exchange：Appraisal Systems in English ［M］//HUNSTON S，THOMPSON G. Evaluation in Text：Authorial Stance and the Construction of Discourse. Oxford：Oxford University Press，2000：142-175；MARTIN J R，WHITE P R R. The Language of Evaluation：Appraisal in English ［M］. Hampshire：Palgrave Macmillan，2005；WHITE P R R. Appraisal：The Language of Evaluation and Stance ［M］//ZIENKOWSKI J，ÖSTMAN J-O，VERSCHUEREN J. Handbook of Pragmatics. Amsterdam：John Benjamins，2011：14-36.

如果态度是通过态度性表述直接表达出来的，如"好""坏"，这样的态度属于"铭刻"的态度。如果态度是间接表达出来的，则属于"引发"的态度。例如，句子"The government is *responsible*."（政府是负责任的）中的态度就是铭刻的态度；句子"The government *strives to protect people's lives*."（政府努力挽救生命）则有可能引发对政府的积极判断，属于引发的态度。铭刻的态度通常可以引导读者按照作者的意图去解读间接的态度，二者共同作用于读者，使其接受文本中所表达的观点①。

马丁等人建立的态度系统已被应用于多模态文本的分析，如图片/照片②和电影③，逐渐形成了多模态态度系统。在电影中，以语言、图片或声音等方式传递的态度，是影片表达自己立场的一种方式，体现着电影制作者的"道德评价"。④

不同的再现模式如何与合法化策略和态度相结合，实现合法化，将在下面对《武汉战疫纪》的案例分析中进行讨论。

第四节　分析与讨论：《武汉战疫纪》的合法化与态度

表6-2展示了纪录片《武汉战疫纪》再现模式、合法化策略和态度的分

① MACKEN-HORARIK M. Appraisal and the Special Instructiveness of Narrative [J]. Text & Talk, 2003, 23 (2): 285-312.

② ECONOMOU D. The Big Picture: The Role of the Lead Image in Print Feature Stories [M] // LASSEN I, STRUNCK J, VESTERGAARD T. Mediating Ideology in Text and Image: Ten Critical Studies. Amsterdam: John Benjamins, 2006: 211-233; ECONOMOU D. Photos in the News: Appraisal Analysis of Visual Semiosis and Verbal-Visual Intersemiosis [D]. Sydney: University of Sydney, 2009.

③ FENG D Z, O'HALLORAN K L. Representing Emotive Meaning in Visual Images: A Social Semiotic Approach [J]. Journal of Pragmatics, 2012, 44 (14): 2067-2084; FENG D Z, O'HALLORAN K L. The Multimodal Representation of Emotion in Film: Integrating Cognitive and Semiotic Approaches [J]. Semiotica, 2013 (197): 79-100; FENG D Z. Modelling Appraisal in Film: A Social Semiotic Approach [D]. Singapore: National University of Singapore, 2014.

④ YU H L, YANG T Y. Loving Mother VS. Controlling Mother: Visual Attitude and Reading Positions in the Short Film Bao [J]. Social Semiotics, 2020, 32 (3): 1-19.

析结果。

表6-2 《武汉抗疫纪》中的再现模式、合法化策略及态度

	再现模式	合法化策略		场景数量	态度
直接合法化 84（95%）	解说模式 46（52%）	"上帝之声"解说词		36	消极 & 积极 鉴赏
		专家发言		3	
		解说性字幕卡		7	
	参与模式 32（36%）	亲历者讲述	医生	9	积极判断； 消极 & 积 极情感
			护士	7	
			志愿者	2	
			社区工作者	4	
			病人	6	
			其他	4	
	观察模式 6（7%）	观众直接观察		6	积极鉴赏 & 判断 & 情感
间接合法化 5（5%）	表演模式	—		—	
	自反模式 2（2%）	影片拍摄过程		2	积极鉴赏
	诗学模式 3（3%）	蒙太奇、隐喻性图像与声音		3	积极情感
总计				89	

表6-2显示，直接合法化是该纪录片实现合法化的主要手段，其中解说模式在该纪录片的再现模式中占比超过一半，而最常用的合法化策略则是"上帝之声"解说词。参与模式中的主要讲述者是战疫前线的人员，包括医生、护士、志愿者和社区工作者。观察模式使用了直接观察，但在纪录片中所占比重较低。间接合法化主要通过自反模式和诗学模式实现，该纪录片中并没有用到突出行为艺术的表演模式。态度的三种类型，情感、判断和鉴赏，贯穿纪录片始终，尽管不同再现模式中强调的态度类型和性质有所差异。不同的再现模式、合法化策略和态度如何共同作用，在纪录片《武汉战疫纪》中实现对武汉封城的合法化，将在下文中具体讨论。

一、解说模式

纪录片一半以上的场景都是以解说模式呈现的。解说模式直接与观众对话，同时运用声音和字幕卡表达观点。不见其人的解说员和发言的专家，以及插入镜头之间用以凸显数据的字幕卡，都意在强调新冠病毒的传染性，封城的必要性和有效性，即对病毒的消极鉴赏和对封城这一措施的积极鉴赏。

（一）"上帝之声"解说词

《武汉战疫纪》的解说员比尔·尼南（Bill Neenan）是一位受过演讲与戏剧专业训练的英国男演员。在纪录片的开头和结尾，尼南从全知视角介绍了武汉疫情的严重性和封城的必要性。例句如下：

（1）10 AM, January 23rd, Wuhan goes into lockdown, an effort to stop a *deadly* virus from spreading further through the nation.

（2）Wild animals were blamed, but *evidence already pointed to human to human transmission*.

（3）On January 31st, the World Health Organization declared the outbreak a Public Health Emergency of International Concern. *The fight to cage the viper is no longer just about Wuhan.*

（4）Nevertheless, *demobilizing people in Wuhan is key to cutting off paths for the virus to spread.*

例1同时起了多个作用：①将武汉封城呈现为一种的自发行为［"Wuhan goes into lockdown"（武汉进入封城），而不是"政府强制封锁武汉"或是"武汉被迫封城"］①；②表达了对新冠病毒的消极鉴赏（deadly，致命的）；③通过封城的目的（to stop the virus from spreading，阻止病毒传播）来实现对封城的合法化。例2告诉观众，病毒可以人传人。例3和例4则指出了封城的重要性和必要性：封城不仅是为了武汉，更是为了切断病毒的传播。解说词

---

① 二者区别参见：YU H L, WU C Z. Attitude as Mediation: Peritextual Commentary in the Translation of the Platform Sutra [J]. Text & Talk, 2018, 38 (5): 633-654.

播放的同时，伴随着时钟的快速滴答声，在电影中，这种声音通常用来暗示情况的紧急和形势的迫切。

很快，解说词就转而讨论政府在武汉封城期间所采取的举措。这一部分内容主要以"问题—解决方案"的结构呈现，即先说明封城带来了什么问题或困难，再说明这些问题或困难是通过何种措施得以解决的。笔者在整部纪录片中一共识别出 5 对这样的"问题—解决方案"组合，如表 6-3 所示。

表 6-3 纪录片中的"问题—解决方案"结构

序号	问题	解决方案
1	武汉医护人员短缺 & 医疗系统接近崩溃	习近平主席强调把疫情防控工作作为当前最重要的工作； 两座新医院建成； 各地医护人员驰援武汉； 医疗器械供应得到保证。
2	核酸检测试剂盒短缺	卫健委将临床症状列为确诊标准之一。
3	为防止疫情扩散，许多患者必须进行隔离	武汉启用了多个临时隔离点； 政府决定将体育馆和会议中心等公共建筑改造成方舱医院。
4	运输医疗物资成为亟待解决的问题	志愿者们提供了极大的帮助。
5	对武汉政府的问责（尤其是李文亮事件）	中央政府派遣调查组全面调查群众反映的、涉及李文亮医生的有关问题； 湖北省和武汉市换帅。

以第一组"问题—解决方案"组合为例。在一开始，武汉封城所带来的第一个问题由画外音点明：

（5）Wuhan's 38,000 licensed medical workers were stretched thin as the virus progressed. As people turned up at fever clinics, the city's health system was buckling under the strain.

这个问题被指出的同时，画面中出现一家医院的走廊，里面人满为患。一名护士在镜头前苦笑着说："我从来没见过这种架势……看着就有一点绝望的感觉。"护士的话一说完，镜头切换，一连串快进镜头向观众展示了一个建筑工地现场，伴随着画外音的解释：

(6) On the second day of the lockdown, work began on a new hospital. The new Huoshenshan Hospital would have 1,000 beds specially designed to treat coronavirus patients... A second emergency hospital promising another 1,600 beds was planned...

至于医护人员短缺的问题，也已经解决：

(7) On Chinese New Year's Eve... more than 1,200 medical workers across China were drafted to aid Wuhan... By early February, over 10,000 medical workers from the rest of China had gone to help... Another 1,400 military medics were sent to Wuhan on February 13th... By now, more than 30,000 medical workers had been sent to Wuhan from 29 provinces and regions.

之前缺乏的医疗器械，随后也很快得到了供应：

(8) Cities across China started to put medical supply factories back to work... Hubei province can now get over 300,000 N95 masks per day up from 35,000 per day in late January.

当画外音叙述着医护人员和医疗设备短缺问题如何得到解决时，影片画面同时播放相应的档案影像，使得叙述更加真实、具有说服力。至于为什么这些措施能够得到快速实施，画外音明确告诉观众，这是因为中国政府的有力领导：

(9) On New Year Day, President Xi Jinping chaired a meeting of the Politburo Standing Committee, stressing safety and health were the top priority and containing the epidemic was the most important task.

这一句解说词播放的同时，屏幕上出现了一幅拼接画面，画面左边是习近平主席参加会议的照片，右边则是他所讲的文字内容。这样的画面布局，将习近平主席放在已知信息的位置，说明其权威性是不容置疑的。而右边的新信息，也是观众注意力较为集中的部分，则是习近平主席强调的内容，即要把人民群众的生命安全和身体健康放在第一位①。影片最后，画外音就武汉封城的有效性进行了评价：

（10）But the next day, newly confirmed patients started to slow down... *A sign that the lockdown on Wuhan might have started to work.*

（11）One month after the lockdown, *it seems like an end is approaching*. More and more provinces start to see no increase in confirmed cases... The number of daily new cases is on the verge of dropping into a double digit.

解说避免了绝对肯定，而是使用了"可能""似乎"等词语，解说的目的在于使观众确信封城的有效性。正如范·卢文②所说，"it is useful"（这是有用的）、"it is effective"（这是有效的）之类的表述，本身就具有合法化效应。在上述例句中，封城的有效性（积极鉴赏）被用来证明，最初封城的决定是正确的、合法的。

（二）专家发言

纪录片中有三位专家：中国流行病专家钟南山，世卫组织总干事谭德塞和副总干事艾尔沃德，他们先后出现在屏幕上，作为权威信息的来源。

钟南山出现在屏幕上的时候，画外音向观众介绍道："83 岁的呼吸病专家钟南山，是 2002—2003 年抗击非典期间的英雄。"接着，屏幕上先后展示了钟南山参加新闻发布会和接受电视采访的画面。很快，镜头推近，钟南山近距离出现在屏幕正中央，以非常肯定的语气说了以下内容：

---

① 对画面左右布局的研究参见：KRESS G, VAN LEEUWEN T. Reading Images：The Grammar of Visual Design [M]. London：Routledge，2006.

② VAN LEEUWEN T. Legitimation in Discourse and Communication [J]. Discourse & Communication，2007，1（1）：91-112.

（12）资料表示它是肯定的有人传人……所以现在我的总的看法是没有特殊的情况不要去武汉。新冠病毒……现在已经存在人传人，同时医务人员也有传染。

钟南山的身份是一名经验丰富的流行病专家，这使得他的建议显得非常权威。他的话也使政府禁止公众进入武汉的决定显得合理、合法。

影片中，另一位专家，谭德塞·盖布雷耶苏斯出现在一场新闻发布会上，他面前的名片卡上写着"世界卫生组织总干事"。在一片咔咔的快门声中，谭德塞说道：

（13）The main reason for this declaration ［of the COIVD-19 as a Public Health Emergency of International Concern］ is not because what is happening in China. Our greatest concern is *the potential for the virus to spread to countries with weaker health systems.*

病毒具有传播到其他国家的可能，这再次暗示了病毒的传染性（消极的鉴赏），进一步使武汉封城合法化，因为武汉封城不仅事关武汉，事关中国，更有益于其他国家，有益于整个国际社会。

钟南山和谭德塞的发言主要强调武汉封城的必要性。相比之下，第三位专家，世卫组织副总干事艾尔沃德出现在纪录片的结尾部分，他的发言主要对武汉封城的有效性进行了评价：

（14）The opinion of the joint mission after looking at this very closely in different ways is that there is no question that *China's bold approach to the rapid spread of this new respiratory pathogen has changed the course of what was a rapidly escalating and continues to be deadly epidemic.* But I just thought that it's all important for us to recognize that *to the people of Wuhan, it is recognized the world is in your debt.* And when this disease finishes, hopefully we'll have the chance *to thank the people of Wuhan for the role they played...* people of that city have gone through an extraordinary period...

艾尔沃德的评价并不仅仅是个人观点，相反，这一评价是"联合专家考察组"基于"不同的方式仔细考察过后"提出的。他的发言充分认可了武汉人民的贡献（积极判断），同时表达了对武汉人民的感谢（积极情感）。

（三）解说性字幕卡

纪录片中一共出现了七个解说性字幕卡，其中五个呈现了武汉封城的第7、14、21、28、33天的确诊人数，另外两个则是线形统计图。部分字幕卡如图6-1所示。

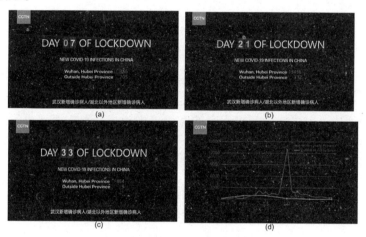

图6-1 《武汉战疫纪》中的部分字幕卡

在图6-1中，字幕卡用于凸显确诊病例人数，强调自2月12日后确诊人数持续下降。字幕卡出现时没有使用任何画外音，从而更好地表现了信息的客观性和真实性。颜色的运用，即纯黑背景配上白色的文字和红色的数字，以及时钟的快速滴答声，都有助于增强字幕卡信息对观众的情感冲击。

二、参与模式

参与模式中，武汉封城的亲历者，即那些封城期间在武汉工作、生活的人们，出现在屏幕上，向观众讲述他们的所见、所为和所思所想。这些亲历者通常以近镜头的方式出现在屏幕上，他们的身份、职业各不相同，有医生、护士、志愿者、社区工作者、病人等。这种呈现方式和身份差别使得他们的讲述显得尤为真实可信。尽管讲述的内容各不相同，但其中心思想围绕武汉封城期间政府和武汉市民为保障人们安全、健康而做出的各种努力。

（一）对医生、护士的采访

武汉封城期间，有很多医护人员不顾个人安危救治病人。纪录片中，赵智刚和唐欣作为医生的代表接受了采访。赵智刚医生是"武汉最初接触到新冠病毒的医护人员之一"（画外音）。坐在摄像机前，他向观众讲述了他是如何被自己的病人感染的。最后，他说：

（15）这样非保护的接触造成我们一组的医生护士全部被感染。从那时开始，我们就知道这个病毒的传染性非常高。

这些话从一个感染了新冠病毒的医生口中说出，一方面呼应了之前画外音和钟南山对新冠病毒传染性的评价，另一方面也进一步增强了影片的说服力，使观众相信新冠病毒"传染性非常高"，并感到恐惧，其最终目的是使观众理解：在这种情况下，通过封城来遏制病毒是必要的。

康复之后，赵智刚医生马上回到了工作岗位，至于这么做的原因，他是这样解释的：

（16）我心里想说现在这场战役还正在胶着状态，还有那么多的病人需要去处理，我现在要赶紧冲上去继续往下做。

防疫就像一场战役，所有的医生都是战士，在抗疫前线战斗，只为拯救他人。当唐欣医生出现在镜头前时，画外音告诉观众他"已经两个星期没回过家了"，由于长时间穿着防护用具，他"浑身起了荨麻疹"。影片对唐欣的脖子、前胸、胳膊和腿上的红点做了特写，唐欣还说，这些红点需要"6 到 8个小时"才会消失，这些都会引发观众对以唐欣为代表的医护人员产生敬佩之情，从而实现对人物及其行为的积极判断。

影片对护士的呈现采用了类似的方法。一些护士脸上因为长时间佩戴防护口罩留下了伤口。还有的护士说她们穿着成人纸尿裤，来防止自己上厕所。护士谢晶晶在接受采访时，诉说了她自己作为医护工作者的内心感受：

(17) 害怕。说不害怕是假的。当时就是想到自己的孩子和父母，然后就觉得万一自己有什么事，我爸妈就只有一个孩子，他们怎么办？我的孩子还那么小，他该怎么办？

这些话展示出医护人员作为普通人的一面，而不是一味讴歌他们无所畏惧的勇气。医护人员们也和坐在屏幕前的观众一样：他们也为人子女、为人父母，他们也会害怕，这反而使得他们的付出更加令人尊敬，也更易在观众心中产生情感共鸣。

（二）对志愿者和社区工作者的采访

除了医护人员，志愿者和社区工作人员也接受了采访，讲述自己在武汉封城期间的工作和生活。这些采访背后折射出的思想是，武汉的普通人也挺身而出，做出了自己的贡献。

纪录片告诉观众，由于封城期间公共交通全面停运，人们都待在家中以确保安全，武汉的志愿者们却挺身而出帮助运输医疗物资。出现在影片中的志愿者，讲述了他们的工作和他们背后的家人：

(18) 我家里有两个小孩还有老人，他们不太支持，但是因为我比较坚持，因为太多人需要我们。

(19) 记者：有没有跟其他公司的快递员交流过？你羡不羡慕他们待在家里？

志愿者：我觉得他们要羡慕我们。因为我们在疫情最严重的时候挺身而出，还在为大家服务。我们觉得还是蛮自豪的。

记者：真的吗？

志愿者：真的，我的妻子特别支持我……每次我的孩子都说"爸爸真棒"。我每次听到都觉得蛮欣慰。

　　这些话语，以及影片中展示的志愿者们忙碌的工作场景，向观众传递了这样一个信息：在武汉封城期间，医院里，医护工作者在拯救患者生命，外面，也还有许多人在尽自己所能为抗击新冠病毒贡献自己的力量。

　　另外一群人，社区工作者，对于封城期间保障人们的日常生活也起了重要作用。在纪录片中，社区工作者们挨家挨户敲门，测量居民的体温，询问居民是否需要帮助。一位女性社区工作者向记者讲述了他们的日常工作流程：

　　（20）我们今天一天要把整栋楼的门敲完。昨天有个同事的手都敲肿了……

　　这些话，虽然她是笑着说的，但仍透露出社区工作者们日常工作的艰辛，从而引起了观众的敬佩之情。武汉封城期间，有这么多医护人员、志愿者和社区工作者仍在坚持工作，以保障人们健康生活，让封城期间的武汉也仍然井然有序。

　　（三）对病人的采访

　　虽然纪录片中，记者同时采访了医护人员和病人，但值得注意的是，对这两类人的采访方式有所不同。在采访医生和护士的时候，记者基本上没有出镜，医护人员以"伪独白"（pseudomonologue）的形式进行讲述，直接与观众对话。而在采访病人的时候，记者则经常出现在镜头中，采访方式也变成了"一问一答"的形式：

　　（21）记者：我看很多人抱怨说救助不及时。

　　病人：及时，我们这里还蛮及时……

　　（22）记者：这里（方舱医院）生活方便吗？

　　病人：还可以，都要相互理解一下。

　　（23）记者：他们提供了专门的清真餐对吗？

　　病人：有专门的清真餐拿过来。

　　记者：你们需要自己支付餐费和治疗费吗？

　　病人：没有没有没有，全部都由政府支付了。

虽然病人们的身份和采访内容不同，但是影片主要展示的是病人都得到了很好的照顾，他们也非常感激政府所做的工作。受采访的病人中还有一位穆斯林患者，他的出现体现了政府对少数民族的关爱。

三、观察模式

除了画外音的解说和记者采访，纪录片也使用了观察模式，给观众自己观看、倾听和解读的机会。尼科尔斯①指出，纪录片中供观众观察的内容都具有明显的典型性，即特定背景下典型的参与者和行为。在《武汉战疫纪》中，供观众观察的典型行为包括医生穿脱层层防护服，护士一刻不停歇地小跑着赶去照顾病人，志愿者不停地打电话安排医疗物资运输，社区工作者耐心安抚因不能外出而情绪激动的老年居民。这些内容播放时，没有使用任何画外音，观众可以直接观察面前发生的一切，似乎可以通过沉默的摄像头获取封城期间武汉人们生存状况的第一手信息。再者，观众直接观察到的内容与解说模式和参与模式提供的信息相互呼应，后者也为观众如何解读观察到的内容提供了线索，从而使直接观察也成为合法化的一个策略。

从态度系统角度来看，观察模式中的语言和图像可以激发观众对中国政府、医护人员、志愿者和社区工作者的正面评价。观众从画外音对政府所采取措施的描述，以及以快镜头方式呈现的新医院建设画面（如图6-2a所示），可以得出这样一个结论，即中国政府勇于承担责任，且有能力解决所面临的困难。而医护人员对日常工作的描述，画面中显示他们受伤的脸庞和身体（如图6-2b和图6-2c所示），驰援武汉前与家人告别的场景（如图6-2d所示）等，都能激发观众对其行为的尊重与敬佩。

---

① NICHOLS B. Representing Reality：Issues and Concepts in Documentary ［M］. Bloomington：Indiana University Press，1991.

图 6-2　引发正面判断的画面

除此之外，纪录片还充分利用了孩子在引发观众情感共鸣中的作用。纪录片中展示了护士谢晶晶与她许久未见的儿子视频通话的画面，还有志愿者伍杨、快递员时章兵和社区工作者李枫都谈论到了自己的孩子。这些父母都表达了自己对不能在疫情防控期间陪伴孩子的愧疚，也提到了对孩子能够理解并支持自己的自豪，这种复杂的感情也给观众带来了有力的情感冲击。

四、自反和诗学模式

纪录片中对间接合法化策略的使用，通常并不是为了表述观点，更多的是为了使已经表述过的观点更易于接受。在《武汉抗疫纪》中，实现间接合法化的主要是自反和诗学模式，前者为观众呈现了影片制作的过程，后者则主要使用了蒙太奇和隐喻性画面。在自反模式中，有这样一个片段：影片制作者和负责管理病房的医生就可否携带摄像机进入病房进行商讨，并最终找到了一个两者都可以接受的方案。另外一个片段中，影片记者拿着话筒一路小跑，想要赶上并采访一位快递员志愿者，却被后者拒绝了，因为他没有时间讲话。这些画面让观众了解了纪录片拍摄时所面临的问题，同时也有助于引导观众相信影片内容的真实性。

纪录片中还有 3 个诗学模式下呈现的片段。这 3 个片段分别出现在影片的片头、中间和片尾。片头以蒙太奇手法呈现了一系列画面和声音，目的在于传递一种危急、担忧，但又不服输的情感氛围。出现在片中和片尾的诗学片段都使用了冉冉升起的太阳来暗示希望。如图 6-3b 所示，片中太阳的画面紧接着中国国家主席习近平的照片出现，暗示主席和他有关疫情的指示为武汉人民带来了希望。第二个太阳的画面出现在医生唐欣将新冠疫情的暴发比作潘多拉的盒子之后。唐欣说道：

（24）潘多拉的盒子已经打开，灾难、恐惧、疾病都跳出来了。但盒子里面最后的一样东西，就是希望。只要希望还在，之前的这些都不会是问题。

图 6-3　隐喻性画面：太阳表示"希望"（b 和 d）

画面中的太阳和它隐含的"希望"之意有助于让观众在情感上产生共鸣，从而更易于接受画外音和采访中所传递的信息，间接实现合法化。

结语

本章综合批评性话语分析、社会符号学有关合法化的研究和以尼科尔斯为代表的学者对纪录片再现模式的研究，提出了纪录片中的合法化框架，并指出情感在合法化过程中的重要性。在所提出理论框架的基础上，探讨了由中国国际电视台拍摄的纪录片《武汉抗疫纪》如何对新冠疫情初期武汉封城这一措施实现合法化。尽管整体上讲，这部纪录片相对以往的官方纪录片取得了很大的进步，在国际上产生了较大反响，但必须承认，好的合法化策略不一定就能保证合法化的效果，合法化的效果也取决于观众的视角和他们接受预期信息的意愿。观众可以接受、质疑或抵制电影话语所传递的信息①。例如，在 YouTube 的评论上，有人赞扬中国政府为战疫做出的努力，有人则仅因该纪录片是由中国国际电视台（该电视台是中央广播电视总台下属电视台，受到中国政府的监督）拍摄的，而直接表达对该影片内容的质疑和反对。观众因为政治立场不同，或在已接受的意识形态影响下，而质疑其消息来源，极有可能会削弱影片的合法化效果。

正如本章开头所提出的，一方面，灾难会使人们质疑政府的合法性。另一方面，如果政府能够成功应对危机，一场灾难反而会有助于增强政府合法性，这可以从全球新冠疫情略知一二。就像现代历史上许多致命的灾难一样，新冠不再仅仅是能夺走人们生命、造成巨大经济损失的灾难，它通过在世界不同地区的讨论和表达，已迅速转变为政治事件。一个灾难性事件如何以文字或多模态的方式被呈现，以用于实现特定目的，这是一个值得进一步探讨的问题。

---

① MARTIN J R, WHITE P R R. The Language of Evaluation：Appraisal in English ［M］. Hampshire：Palgrave Macmillan, 2005；YU H L, YANG T Y. Loving Mother VS. Controlling Mother：Visual Attitude and Reading Positions in the Short Film Bao ［J］. Social Semiotics, 2020, 32（3）：1-19.

128

第七章

《武汉战疫纪》YouTube 在线评论中的情感分析

本章与上一章内容相互呼应。上一章讨论了《武汉战疫纪》这一纪录片是如何通过态度在内的各种手段实现中国政府对武汉封城的合法化，主要是从影片制作方的角度对纪录片进行分析。本章将焦点放在观众身上，关注国际观众对这一纪录片的反应和接受情况。

2020 年 2 月 28 日上午 10 点，由中国国际电视台（CGTN）拍摄、制作的纪录片 *The Lockdown: One Month in Wuhan*（《武汉战疫纪》）正式对外发布、播放。除了在 CGTN 官网、中国驻各国领事馆官网上进行播放之外，该纪录片还同时在 YouTube、Twitter 和 Facebook 等英文社交媒体上进行推广。作为有关新冠疫情的第一部英文纪录片，且在全世界都极为关注武汉封城的关键时刻，该纪录片一经推出便得到广泛关注，尤其是在英文视频共享网站 YouTube 上。截至目前，《武汉战疫纪》在 YouTube 上的播放量已超过 2000 万次，累计评论超过 28000 多条，点赞数量超过 19 万次。

本章对 YouTube 用户针对《武汉战疫纪》这一纪录片所做的评论进行分析，关注评论中所体现的情感。分析主要采用定量的方式，通过自建语料库，使用语言探索与字词计数软件（LIWC）和 LancsBox 为主要工具进行语料分析。分析包括历时和共时两个角度。历时方面，本章按照时间顺序，将 YouTube 上的评论分为初始阶段、中间阶段和最新阶段，分别比较不同阶段评论中情感的整体体现，以及积极和消极情感分别所占比例及体现方式。共时方面，本章关注针对 China（中国）、Chinese government（中国政府）、Chinese people（中国人民）、documentary（纪录片）和 doctors（医生）这几个关键词的评论，以及其中所体现出的情感。

第一节　情感的传递与观众接受类型

语言学家马丁和怀特①指出，文本作者会通过各种手段，向读者/观众传递某种信息，进而影响读者/观众的态度，但这并不意味着所有读者/观众都将被动接受文本所传达的信息。读者可以根据自己的社会和个人经验，选择接受、质疑或者拒绝文本中的态度，即采用顺从型解读、抵制型解读或策略型解读的方法来解读文本。顺从型解读指读者全盘接受文本的信息和态度，抵制型解读是指读者有意识地抵制文本的信息和态度，而策略型解读指读者理解文本的信息和态度，但并不对其全盘接受，也不全面抵制，而是对其进行详细分析，以理解文本信息和态度背后所折射的文化和意识形态。霍尔（S. Hall）② 在讨论电视节目的编码—解码过程时提出，观众也具有主观能动性，其对电视节目所传递的信息可以接受，协商甚至对抗。

在电影研究领域，已经有研究③证明，影片制作者所采取的策略可能会失败，导致观众不接受影片所传达的信息。但是，在传统的电影社会符号学研究中，虽然学者承认不同的观众可能会对同一部影片产生不同的解读，但大多数分析仍倾向于假设观众会采取导演所期待的那种理想化解读。④ 很少有研

① MARTIN J R, WHITE P R R. The Language of Evaluation：Appraisal in English ［M］. Hampshire：Palgrave Macmillan, 2005.

② HALL S. Encoding, Decoding ［M］//DURING S. The Cultural Studies Reader. London：Routledge, 1993：90-103.

③ ANDRINGA E, VAN HORSSEN P, JACOBS A, et al. Point of View and Viewer Empathy in Film ［M］//VAN PEER W, CHATMAN S. New Perspectives on Narrative Perspective. Albany：State University of New York Press, 2001：133-157；GRODAL T. Tapping into Our Tribal Heritage：The Lord of the Rings and Brain Evolution ［M］//CHRISTIE I. Audience. Amsterdam：Amsterdam University Press, 2013：128-142.

④ IEDEMA R. Multimodality, Resemiotization：Extending the Analysis of Discourse as Multi-Semiotic Practice ［J］. Visual Communication, 2003, 2（1）：29-57.

究深入观众的实际解读①，而这种实际解读极可能并不符合导演预期②。

在分析观众对某一部影片的反应时，在线评论是相对直接和直观的语料。于海玲和杨甜雨③曾在 2020 年分析中外观众对 2019 年奥斯卡最佳动画短片《包宝宝》（Bao）在豆瓣和 IMDb 上的评论，旨在揭露不同文化背景下观众对同一部动画的不同情感反应和接受态度。尽管豆瓣和 IMDb 是专门的影评网站，但其局限在于评论数量不够多。相较之下，YouTube 上的播放量通常更大，评论数量也更多。毕竟，作为谷歌旗下的视频在线共享平台，YouTube 在国际上拥有众多用户，是广大网民尤其是年轻人获取视觉信息的主要渠道之一。每一分钟就有几百个小时时长的视频从世界各地上传至 YouTube。每一天，世界各地用户观看 YouTube 视频的总时长超过 10 亿个小时。学者也已经意识到，YouTube 在线评论是获取全球观众对某一话题关注度和态度的一种便捷手段④。

第二节　语料与分析步骤

一、语料

本章所分析的语料主要是 YouTube 上有关《武汉战疫纪》的在线评论。

---

① ALGHASI S. Accented Voices：Iranian—Norwegian Readings of Media Texts on Iran and Iranianness［J］. Social Semiotics, 2010, 20（3）：277-291.

② MCHOUL A. Readings［M］//LUKE A, BAKER C, ed. Towards a Critical Sociology of Reading Pedagogy：Papers of the XII World Congress on Reading. Amsterdam：John Benjamins, 1991：191-210.

③ YU H L, YANG T Y. Loving Mother VS. Controlling Mother：Visual Attitude and Reading Positions in the Short Film Bao［J］. Social Semiotics, 2020, 32（3）：1-19.

④ KOPACZ M A, LAWTON B L. Talking About the YouTube Indians：Images of Native Americans and Viewer Comments on a Viral Video Site［J］. Howard Journal of Communications, 2013, 24（1）：17-37；PAEK H J, HOVE T, JEON J. Social Media for Message Testing：A Multilevel Approach to Linking Favorable Viewer Responses with Message, Producer, and Viewer Influence on YouTube［J］. Health Communication, 2013, 28（3）：226-236.

语料的收集主要通过与 YouTube 关联的评论数据分析网站 Hadzy（https：//hadzy.com/）进行。Hadzy 自称是最具有用户友好型特点的 YouTube 评论分析网站。与其他 YouTube 评论抓取软件或网站相比，Hadzy 的优点如下。首先，Hadzy 上的在线评论是实时更新的，不需要用户定期进行重新检索和更新。其次，Hadzy 上所显示的评论只包括主要评论，而不包括其他用户对该评论的回复。这一点与绝大多数评论抓取软件都不相同，其他的评论抓取软件通常无法自动分离主要评论和回复。对评论分析来讲，主要评论和其他用户对该评论的地位是不一样的，例如，用户在观看 YouTube 视频时，视频下方一般显示的只有主要评论，需要用户点击下方的"查看×××条回复"才会出现其他用户对该评论的回复（如图 7-1 所示）。而查看这些回复则会发现，相比主要评论，绝大多数回复会更加主观，且十分容易出现用户之间相互攻击的现象，回复的内容更多的是针对主要评论或其他回复，而与视频内容无关。因此，抓取主要评论而不包括回复，能够更好地进行评论分析。当然，在用户需要的情况下，Hadzy 也可以显示对某一评论的回复。同样，针对同一用户在不同时间发表多个评论的情况，Hadzy 一般只显示该用户的第一个评论，而不显示其他的评论。这一举措可以预防某个用户出于特殊目的，反复发布同一个评论或具有同一倾向的评论。

最后，Hadzy 可以对所抓取的评论进行简单的数据分析，如按照时间由近及远或由远及近进行排列，显示该评论的作者、发布时间、点赞数量、回复数量等，并可以以所有评论为基础，提取其中的关键词（popular words）和最受关注的话题（top questions）（如图 7-2 所示）。这一数据分析同时也构成了本章研究有关关键词分析部分的基础。

图 7-1　YouTube 在线评论中的主要评论和回复

图 7-2　Hadzy 显示的《武汉战疫纪》评论关键词和最受关注话题

　　图 7-2 显示，《武汉战疫纪》在 YouTube 的评论中出现频率较高的专有名词包括 China（中国）、people（人民）、virus（病毒）、doctors（医生）、government（政府）等，与情感相关的词则有 hope（希望）、love（爱）、strong（坚强的）、save（拯救）、pray（祈祷）、fight（战斗）等。这些在后面的讨论中都会涉及。

　　对 YouTube 上自 2020 年 2 月 28 日至 2021 年 5 月 20 日所有主要评论进行统计分析，笔者得到有关《武汉战疫纪》在线评论的历时分布，详见表 7-1。

表 7-1　YouTube《武汉战疫纪》在线评论历时分布

月份	评论数量（条）
2020 年 2 月	340
2020 年 3 月	11 800
2020 年 4 月	661
2020 年 5 月	148
2020 年 6 月	80
2020 年 7 月	94
2020 年 8 月	109
2020 年 9 月	106
2020 年 10 月	103
2020 年 11 月	68
2020 年 12 月	61
2021 年 1 月	95
2021 年 2 月	52
2021 年 3 月	52
2021 年 4 月	61
2021 年 5 月	107
总计	13 937

由表 7-1 可以看出，截至 2021 年 5 月 20 日晚 8 点（北京时间），You-Tube 上有关《武汉战疫纪》的主要在线评论共有 13 000 多条。这些评论的分布是极不平衡的，主要集中在纪录片发布之后的前 3 个月（如果 2 月 28 日、29 日这两天也算成一个月的话）。其中最突出的是 2020 年 3 月，该月一共有

11 800 条主要评论，占所有主要评论的 85%。考虑到语料的这一特点，在进行历时分析时，语料的选择以评论数量而不是以时间对等为主要因素。

二、分析工具与步骤

本章语料分析用到的主要工具是擅长情感分析的 LIWC 和兰卡斯特大学语料库研究团队开发的 LancsBox。LIWC（Linguistic Inquiry and Word Count，语言探索与字词计数软件，简称 LIWC）由彭尼贝克等人最早于 2001 年研发，是一个基于词语计量的文本分析软件。LIWC 可对语料从 80 多个维度进行分析，涉及语言学和心理学的不同方面。但 LIWC 的研发初衷，也是其最擅长的维度，是对语料进行情感分析，测量文本作者的情绪表达。使用 LIWC，分析者可获取某一文本使用者的积极和消极情感，并提取其中具体的积极和消极情感表达。LIWC 对情感的分析基于开发者所编撰的情感词典，分析者也可自行编制词典并运用于分析。本章分析使用的是 LIWC2015 版，其中的情感词典由 905 个英语单词构成（如 happy、ugly、bitter 等），其中表达积极情感的词汇有 406 个（如 happy、pretty、good 等），表达消极情感的词汇有 499 个（如 hate、worthless、enemy 等）。2007 年之前积极情感这一类别之下还有更细致的分类，但 2007 年之后的软件中积极情感不再分类，因为开发者意识到，与消极情感相比，积极情感表达更模糊，更依赖语境。消极情感可进一步分为焦虑/担忧（anxiety/fear，如 nervous、afraid、tense 等词），愤怒（anger，如 hate、kill、fight 等词），以及伤心/难过（sadness/depression，如 grief、cry、sad 等词）。

LancsBox 由兰卡斯特大学语料库研究者联合开发，是一款专门服务语言学家的多功能语料分析软件，可从不同角度对语料进行分析并对分析结果进行可视化展示。最新版 LancsBox 的功能主要包括关键词检索（KWIC）、检索词分布（Whelk）、节点词搭配图解（GraphColl）、词汇模块（Words）和文本工具（Text），其中搭配图解是 LancsBox 最核心的功能，也是其与其他语料库软件的主要区别之一。搭配图解的特色在于以视觉的方式直观体现节点词在文本中的搭配，并可对节点词、搭配词进行多级拓展，揭示数据表格难以体现的交叉关联。搭配图解中的颜色、距离和位置分别对应搭配频率（频率越高，颜色越深）、搭配强度（距离越近，搭配强度越高）和搭配词位置（左右表示搭配词在句中相对节点词的位置）。

语料的收集和分析步骤根据分析内容设置。在分析情感的历时变化时，首先，选取三个代表性时间段，收集相应的评论进行整理和分类。其次将语料导入 LIWC 进行情感、人称代词、时态和认知过程的分析，得到语料在这些方面的整体数据，以及各类别的具体体现词语（如具体体现积极情感和消极情感的词语）。接着，将同样的语料导入 LancsBox，运用其中的词频统计、关键词检索和搭配图解，对起重要作用的词进行二次分析。对关键词的情感分析采用了类似的步骤，即首先利用 Hadzy 评论检索功能，分别以 China（中国）、Chinese government（中国政府）、Chinese people（中国人民）、documentary（纪录片）和 doctors（医生）为关键词进行检索，收集、整理与关键词相关的评论，并创建语料库。其次，使用 LIWC 进行分析，得到语料的情感表达倾向，以及积极和消极情感所占比例。最后，运用 LancsBox 关键词检索功能，筛选出含有这些关键词的句子，并分析其中的情感性表达。

第三节　分析结果与讨论

本部分将首先从历时角度，讨论不同阶段 YouTube 在线评论在情感和关注内容上的变化。其次将从共时角度，讨论与所提取关键词，即中国、中国政府、中国人民、纪录片和医生相关的在线评论及其所体现的情感。

一、情感的历时变化

按照时间顺序，YouTube 上对《武汉战疫纪》的评论大致可分为三个阶段，即初始阶段、中间阶段和最新阶段。其中，初始阶段距离纪录片发布时间最近，纪录片得到的关注最多，在线评论呈井喷模式，数量最多。相较之下，中间阶段和最新阶段观众反应趋于平缓，评论数量急剧下降。按照这三个阶段，同时出于对评论数量的考虑，本章选取了 2020 年 2 月 28 日至 3 月 7日、6 月 1 日至 9 月 30 日，以及 2021 年 1 月 1 日至 5 月 20 日这三个时间段的评论进行分析。每个时间段的评论数量和字数统计详见表 7-2。

表 7-2 历时分析的语料构成

阶段	选取时间	评论数量（条）	字数（个）
初始阶段	2020 年 2 月 28 日—2020 年 3 月 7 日	3494	84 684
中间阶段	2020 年 6 月 1 日—2020 年 9 月 30 日	398	13 156
最新阶段	2021 年 1 月 1 日—2021 年 5 月 20 日	367	10 814
总计		4259	108 654

由表 7-2 可以看出，初识阶段尽管只选取了 9 天的评论，但评论数量已多达 3494 条，而中间阶段和最新阶段尽管各选取了 4 个月的评论，评论数量分别只有 398 和 367 条。出于对不同阶段评论数量不对等的考虑，在讨论情感的历时变化时，我们主要依据的是情感类型在每个阶段语料中的百分比，旨在尽量降低语料大小对分析结果的影响。

将初始阶段、中间阶段和最新阶段的语料分别导入 LIWC 进行情感和认知过程分析，得到的数据详见表 7-3。

表 7-3 三个阶段的情感和认知过程分析结果

	初始阶段	中间阶段	最新阶段
情感总计	8.05	5.69	4.57
积极情感	5.06	2.98	2.20
消极情感	2.98	2.69	2.33
焦虑	0.44	0.35	0.18
愤怒	1.08	1.12	1.20
伤心	0.58	0.49	0.38
认知过程	10.76	10.29	8.22

表 7-3 显示，从情感的整体表达（表中的"情感总计"）来看，从初始阶段到最新阶段，评论的情感呈现出持续下降的趋势，即从 8.05 到 5.69，最后止于 4.57，这说明随着时间的推移，评论中的情感性表达逐渐减少。这一

结果与认知过程（cognitive processes）的分析结果保持一致。一般来讲，认知过程在整个语料中的比例越低，表明文本的主观表达越少，文本的客观性越高。例如，分析显示，在三个不同阶段，表示不确定的 tentative（2.24>1.57>1.31）和表示确定的 certain（2.60>2.55>1.21）这两个情态表达都呈现明显下降的趋势。

再者，不同阶段情感的内部构成也不相同。从表7-3可以看出，初始阶段，积极情感占主导地位（5.06>2.98）；中间阶段，积极情感只稍微高于消极情感（2.98>2.69）；但到了最新阶段，消极情感反而超过了积极情感（2.33>2.20）。此外，尽管只有在第三个阶段，消极情感才首次超过了积极情感，但消极情感中的"愤怒"却一直是呈逐渐上升的趋势的。与此相对，消极情感中的"焦虑"和"伤心"却呈逐渐下降的趋势。下面的小节将具体讨论每个阶段在线评论中的情感性表达。

（一）初始阶段的情感

LIWC分析结果显示，2020年2月28日至3月7日的语料中，积极情感所占比例远高于消极情感。其中，识别出的积极情感词汇共计380个，消极情感词汇460个。将语料导入 LancsBox 进行词频分析，得出出现次数50次以上的积极和消极情感词汇列表，详见表7-4。

表7-4 初始阶段的积极和消极情感词汇列表

	积极情感词汇	出现次数		消极情感词汇	出现次数
1	hope	251	1	propaganda	129
2	like	242	2	infected	119
3	bless	209	3	fight	93
4	love	178	4	hard	86
5	pray	163	5	sad	77
6	respect	160	6	bad	67
7	help	154	7	against	64

续表

	积极情感词汇	出现次数		消极情感词汇	出现次数
8	good	138	8	die	56
9	strong	136	9	disease	51
10	thank	125	10	sick	51
11	heroes	112			
12	great	90			
13	brave	87			
14	salute	86			
15	real	85			
16	save	72			
17	safe	70			
18	better	69			
19	best	68			
20	true	67			
21	thanks	66			
22	praying	63			
23	right	55			
24	protect	52			

表7-4显示，初始阶段，积极情感词汇出现频率前五的依次是 hope（251）、like（242）、bless（209）、love（178）、pray（163）。结合纪录片内容，不难推测出表中所列一些词汇的情感对象，如 respect、thank、salute 的对象应该是中国政府/人民或医护人员，strong、great、brave 等形容词所形容的

应该是中国人或医护人员和志愿者等，help、save、protect 等动词应该是用来描述医护人员对新冠病人的帮助和拯救等。而出现频率最高的 hope，应该与纪录片最后，医生唐欣将新冠的暴发比作潘多拉的盒子有关。

在 LancsBox 中使用关键词检索，得出含 hope 的部分句子如图 7-3 所示。

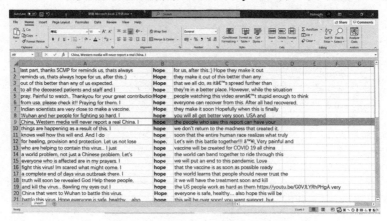

图 7-3　初始阶段在线评论中含 hope 的部分句子

从图 7-3 可以看出，与 hope 搭配最多的是第一人称代词 I。实际上，初始阶段在线评论中一共有 139 个"I hope"，即在这一阶段，大多数评论者都会表达自己对于未来（人类战胜新冠）的希望。因为这一希望其实是纪录片最后，由唐欣医生说出来的，所以，评论中 hope 一词的大量出现，在某种程度上反映了纪录片对这一积极情感的成功传递，即评论者接受了纪录片中所传递的情感，并通过自己的评论进一步强化了这一情感。

消极情感词汇的出现频率整体上低于积极情感词汇。出现频率排名前五的消极情感词汇分别是 propaganda（129）、infected（119）、fight（93）、hard（86）、sad（77）。其中，出现频率最高的 propaganda 和其他传递消极情感的词汇稍有不同。根据语境可以推测，其他词汇，如 infected、fight、die、disease、sick 等，应该都与新冠有关，而 propaganda 应该与纪录片本身有关。在 LancsBox 中将 propaganda 一词作为节点词，得出节点词搭配图解，如图 7-4 所示。

由图 7-4 可以看出，与 propaganda 一词搭配频率较高（颜色最深）的词语包括 this、is、video、Chinese 等,搭配强度较高(距离较近)的词语包括 pure、piece、nice、another 等。其中,CCP(中国共产党),应为 CPC 与 propaganda 一词搭配频率和搭配强度都很高,说明在部分评论中,评论者讨论更多的是《武汉战疫纪》这一纪录片是不是中国共产党的宣传材料问题。

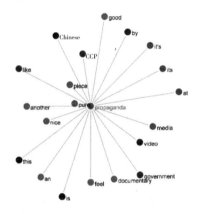

图 7-4   propaganda 一词在初始阶段语料中的搭配词图解

而之所以出现这个问题,一部分是出于评论者对该纪录片的制作方,中国国际广播电台(CGTN)身份的质疑。图 7-5 显示的是在 LancsBox 中对 propaganda 和 CGTN 这两个节点词进行同时检索,得出的搭配图解。将图中显示的共享词和搭配强度较高的词联系起来,就可以得出 "CGTN is funded by Chinese(government)" (CGTN 由中国政府提供资助)的结论,而这一结论在某种程度上导致部分评论者武断地将《武汉战疫纪》这一纪录片看作政治宣传材料。

(二)中间阶段的情感

将 2020 年 6 月 1 日至 9 月 30 日的 YouTube 在线评论导入 LIWC 进行分析,分析结果显示,这一阶段的评论中,积极情感比例大幅下降,接近消极情感所占比例(分别是 2.98 和 2.69)。同时,表达积极情感和消极情感的词汇出现频率也急剧下降。表 7-5 显示,出现频率最高的积极情感词汇有 hope、save、great、love 等,出现频率最高的消极情感词汇有 against、disease、died、blame 等。

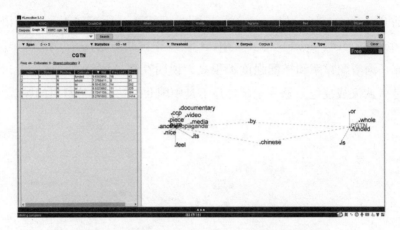

图 7-5   **propaganda** 和 **CGTN** 之间的搭配链接

表 7-5   中间阶段的积极和消极情感词汇列表

	积极情感词汇	出现次数		消极情感词汇	出现次数
1	hope	18	1	against	29
2	save	17	2	disease	18
3	great	17	3	died	11
4	love	16	4	blame	10
5	good	13	5	death	10
6	positive	11			
7	safe	11			
8	proud	10			

　　表 7-5 显示，与初始阶段不同，中间阶段表示消极情感的 against 在所有情感词汇中出现频率最高（29），高于表示积极情感的 hope（18）。对 against 一词进行关键词检索，检索出含 against 的句子如图 7-6 所示。

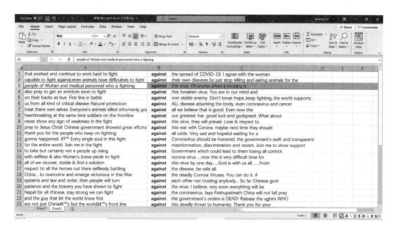

图 7-6　中间阶段在线评论中含 against 的部分句子

图 7-6 显示，评论中，against 主要以"fight against the virus"的形式出现。在这一阶段，随着新冠疫情在全球大范围传播及其导致的死亡率不断上升，评论者消极情感的主要对象为新冠病毒，更多的时候在呼吁大家共同与新冠病毒做斗争。与此相对，积极情感呈明显下降趋势，在初始阶段出现 251 次的 hope，在这一阶段的出现频率仅为 18 次。

（三）最新阶段的情感

最新阶段指的是 2021 年 1 月 1 日至 5 月 20 日（语料收集截止日期）。将这一阶段的语料导入 LIWC 进行分析，分析结果显示，这一阶段的评论中，消极情感比例超过积极情感（分别是 2.33 和 2.20）。同时，表达积极情感和消极情感的词汇出现频率与中间阶段类似。表 7-6 显示，出现频率较高的积极情感词汇有 great、good、help、proud 等，出现频率较高的消极情感词汇有 against、kill、died、deadly 等。

表 7-6　最新阶段的积极和消极情感词汇列表

	积极情感词汇	出现次数		消极情感词汇	出现次数
1	great	15	1	against	10
2	good	10	2	kill	10

续表

	积极情感词汇	出现次数		消极情感词汇	出现次数
3	help	9	3	died	7
4	proud	9	4	deadly	6
5	save	7	5	killed	6
6	hope	7			
7	strong	7			
8	thank	5			

使用 LancsBox 进行关键词检索可以得知，积极情感中的 great、proud 大都与评论者对中国的评价和态度有关（如图 7-7 所示）。且不难看出，其中相当一部分评论者是中国人或具有中国文化背景。

图 7-7　最新阶段在线评论中含 great 的句子

与中间阶段相比，最新阶段的消极情感词汇中，出现较多的也是 against，但这两个阶段观众情感的不同体现在 against 的对象上。在中间阶段，against 的对象主要是新冠病毒，以评论者号召大家一起与病毒做斗争为主。在最新阶段，against 的对象发生了变化，如图 7-8 所示。

图 7-8　最新阶段在线评论中含 against 的句子

图 7-8 显示，against 的对象大多是人或者国家，包括美国亚裔、中国政府等。这种情感内容的变化，更多地与评论者对不同国家的态度相关，并受到了新冠疫情所引发的国际争论和西方社会对亚裔的种族偏见的影响，体现了评论中的情感随着语境的变化而变化的趋势。

文本中，情感的变化通常并不是独立的，而是与其他语言特征同时出现、相互支撑的，如本小节一开始提到的认知过程（认知过程比例越高，情感性表达越多）。此外，人称代词和时态也与情感相关。人称代词体现了评论者所关注的对象（the subject of attention），而时态体现了评论者所关注的时间段（the temporal focus of attention）①。

图 7-9 展示了初始阶段、中间阶段和最新阶段 YouTube 在线评论中的人称代词构成。根据系统功能语言学的观点②，人称代词可以分为两大类：1. 互动型人称代词（指称对话中的人），包括说话者（I，我）、说话者加受话者（we，我们）和受话者（you，你）；2. 非互动型人称代词（指称对话之外的人），包括对话中涉及的所有其他相关实体（she/he，they，她/他，她们/他

① TAUSCZIK Y R, PENNEBAKER J W. The Psychological Meaning of Words：LIWC and Computerized Text Analysis Methods [J]. Journal of Language and Social Psychology，2010，29（1）：24-54.

② MATTHIESSEN C M I M. Lexicogrammatical Cartography：English Systems [M]. Tokyo：International Language Sciences Publishers，1995：689-691.

们）。从图7-9中可以看出，互动型人称代词（I，we，you）所占比例呈现逐渐下降的趋势：在初始阶段比例最高，到最新阶段比例最低。与此相对应，非互动型人称代词（she/he，they）所占比例逐渐上升。这说明两个问题，首先，从初始阶段到最新阶段，评论者的关注对象由你、我和我们逐渐变成了她（们）/他（们）。其次，根据甘斯克（M. A. Gunsch）等人①的研究，自我指称（I，we）更倾向于与积极情感同时出现，而他者指称（she/he，they）更倾向于与消极情感同时出现。这也从另一个角度验证了前面对情感的历时分析，即从初始阶段到最新阶段，积极情感下降，消极情感上升。

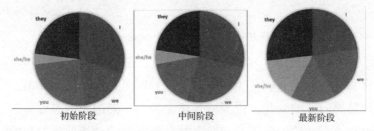

图7-9　三个阶段在线评论中的人称代词构成

除人称代词外，时态也可以体现评论者对不同时间段的关注。对初始阶段、中间阶段和最新阶段的时态分析结果详见图7-10。

图7-10显示，三个阶段的评论中，现在时占比都最高，但从初始阶段到最新阶段，现在时呈现逐渐下降的趋势，将来时也逐渐下降。与此相反，过去时呈现逐渐上升的趋势。这说明，尽管在不同阶段，现在发生的事情是评论所关注的主要内容，但随着新冠疫情的持续蔓延，评论者对未来可能发生事情的讨论越来越少，反而更倾向于对过去一年内发生的事情进行反思和评价。将时态的分析结果与人称代词和情感的分析结果相结合，可以得知，从初始阶段到最新阶段，"现在/将来+你我+积极情感"逐渐被"现在/过去+他者+消极情感"取代，显示了YouTube在线评论中情感的历时变化。

---

① GUNSCH M A, BROWNLOW S, HAYNES S E, et al. Differential Forms Linguistic Content of Various of Political Advertising [J]. Journal of Broadcasting & Electronic Media, 2000, 44 (1)：27-42.

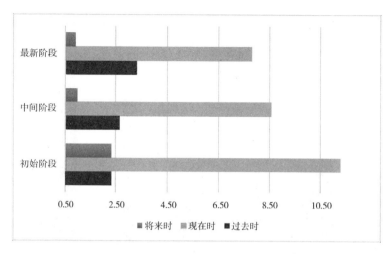

图 7-10　三个阶段在线评论中的时态构成

二、关键词与情感分析

Hadzy 网站可以根据 YouTube 上所有用户对《武汉战疫纪》的评论，自动生成评论中的关键词。以此为依据，作者挑选出了 China、Chinese people、Chinese government、documentary 和 doctors 这几个关键词，针对这些关键词的评论进行检索，并分别建立语料库，具体详见表 7-7。

表 7-7　YouTube 评论关键词、评论数量和字数

关键词	评论数量（条）	字数（个）
China	2885	125 316
Chinese people	552	45 219
Chinese government	388	27 277
documentary	237	9 284
doctors	949	41 602
总计	5011	248 698

将以这些关键词命名的语料导入 LIWC 进行情感分析，得出 YouTube 用户

针对这些关键词评论的情感倾向，对其中的积极和消极情感进行统计，得出针对每一个关键词的所有评论的情感构成，结果如图 7-11 所示。

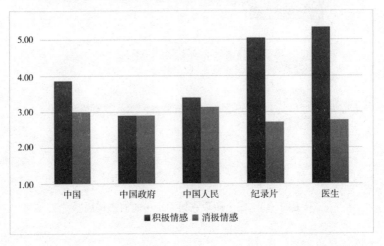

图 7-11　YouTube 用户针对不同关键词的评论的情感构成

由图 7-11 可以看出，YouTube 用户针对不同关键词的评论的情感构成是不同的。整体来讲，针对"中国人民"和"中国"的评论中，积极情感稍高于消极情感；针对"中国政府"的评论中，积极情感与消极情感基本持平；针对"纪录片"和"医生"的评论中，积极情感远高于消极情感。接下来将分别讨论每一个关键词在评论中积极情感和消极情感是如何具体体现的。

（一）与"中国"相关评论中的情感

将针对 China（中国）这一关键词的评论导入 LancsBox，并对 China 进行检索，得到的搭配图解详见图 7-12。

图 7-12 China 一词的搭配图解

图 7-12 显示，与 China 搭配频率较高的词中，倾向于表达积极情感的有 thank、bless、help、like、better、great、good、strong，倾向于表达消极情感的有 lies、bad、blame。表达积极情感的词汇数量多于消极情感词汇数量，这与积极情感大于消极情感的整体趋势是一致的。其中一些针对"中国"这一关键词，表达了积极情感的评论如下。

（1）God bless u Wuhan, China love and respect from Pakistan.

（2）For all the China haters out there, shame on you. China is doing an awesome job. If this was to happen anywhere else in the world, the situation will definitely be much worse. Thank you China for all your hard work, selflessness and sacrifice.

（3）China and it's［sic］citizens are amazing, being able to work together to curb the spread of COVID-19… Thanks to China for their tremendous efforts. Forget about the videos that continue to criticize and make accusations about cover ups as they are malicious intents to destabilize China.

(4) China is a fascinating country, its [*sic*] too bad that most people in the west have been indoctrinated and misinformed by the media to dislike China.

(5) I am an expat [*sic*] who live in wuhan right now I decided to stay even my country sent an airplane to evacuate us because I felt I am one of those who are suffering too, China gave me a lote [*sic*] and I should sacrifice for theme especially people of wuhan they are really kind people

(6) Love from Serbia... for this brave people of China.

(7) Pray for humanity Hope everything will be ok soon stay strong china [*sic*].

从这些评论的内容（指称 China 为 you）可以看出，这些评论的作者都是外国人。值得一提的是，在评论中也有一部分中国人，他们对"中国"的评价也是积极的。例如，其中一个评论是在日本的中国留学生留下的：

(8) After reading the comments, I feel that many people have been brainwashed by the propaganda of Western media demonizing China. No political system is infallible. The same is true of socialism. The Chinese government does have many imperfections, but it should look to the future. It keeps getting better. American democracy is not suitable for China. Freedom is important, but sometimes we need to concentrate on doing important things. China has now controlled the epidemic, with fewer and fewer confirmed cases in all regions except Hubei. I am Chinese and studying in Japan now. I cannot return to China to reunite with my family because of this virus. The situation in Japan is not good. I can't buy a mask. Public transportation is also very dangerous, so I can only hide at home. It is hoped that for this epidemic, people should pay more tribute to selfless devotees such as doctors, nurses, soldiers, and police who are fighting on the front lines, rather than politics and attacking a government under the pretext of virus. Finally, Wuhan refueling, China refueling, Japan re-

fueling, world refueling!

　　这一评论不仅体现了评论者对"中国"的积极情感，同时也是他/她对其他一些对中国持消极态度的评论的回应。整个评论既有理有据，又十分客观，代表了大多数在 YouTube 等国际性社交平台上发声的中国年轻人的心声。

　　（二）与"中国政府"相关评论中的情感

　　与"中国政府"相关的评论构成了所有评论中唯一一个积极情感和消极情感持平的关键词评论语料库。将所有评论导入 LancsBox，得出 Chinese government 的搭配图解如图 7-13 所示。

图 7-13　Chinese government 一词的搭配图解

　　图 7-13 中与"Chinese government"搭配强度较强的实词有 CGTN、funded、documentary、video、believe 和 propaganda，整体体现消极情感。一些包括这些词语的代表性评论如下。

　　（9）China Global Television Network is owned by the Chinese government.

（10）It is propaganda ［sic］！CGTN is owned by the Chinese government. The people who are liking and promoting this video is part of the Chinese government mouthpiece. It is designed to make China seem responsible and the Chinese government hold onto power. 62 videos today promoting the communist government.

（11）CGTN IS FUNDED IN WHOLE OR IN PART BY THE CHINESE GOVERNMENT.

（12）Have to stop watching when i ［sic］ saw its from cgtn ［sic］. another propaganda from the chinese ［sic］ government...

（13）Hmmm. Youtube ［sic］ recommending a video from the Chinese government? Downvote and stop watching.

（14）I don't believe anything that the commie Chinese government puts out. This is pure propaganda.

（15）CGTN and this "documentary" is funded by the Chinese government. I'm guessing that this video contains propaganda. I do feel horrible for those that are suffering and trying to battle this disease.

（16）This is Chinese propaganda！CGTN，the media company that created this documentary，is funded by the Chinese government.

（17）When the statement below the video saying this channel funded by Chinese government I don't want to watch it anymore

（18）"Funded in whole or in part by the Chinese Government." In other words，propaganda. Don't trust anything they tell you！！

这些评论整体体现出了对中国政府的消极情感。一方面，正像评论 15 所表达的，评论者的消极情感主要来自他们对纪录片的拍摄方 CGTN（中国国际电视台）受到中国政府赞助的不满，进而认为这一纪录片带有宣传（propaganda）的性质。另一方面，评论者对于纪录片中所呈现的受到新冠疫情影响或与新冠病毒做斗争的普通人，还是能够感同身受的。

不可否认，YouTube 评论中既有大量武断地认为 CGTN 的作品就一定是政治宣传的观点，也有一些评论针对这一观点进行反驳。其中比较有代表性的一个评论如下所示：

（19）Looking at the China's history at least they were never aggressive or invaded any country which it would have been easy for them.

Another thing，just because we lived in the country like the US with a rudeless［sic］policy for Dominations and the worse Propaganda nation it doesn't mean everyone else is the same like America. For those who think this is propaganda video then you are already Brain Washed by your own ignorance because you lived in that kind of country. This Virus was created in the West and then the outbreak happened in the East. There's a suspicious occurrences［sic］here. I don't believed［sic］in coincidence when there's a Tyrant Government the US has been destroying over 5 countries，organized Terrorists attacks all over the world，orchestrating Proxy wars and killed millions and still doing so. If China is a Colonizing Country then Perhaps，I will believe in Propaganda. For now，if anyone who can think outside the box has to give China the benefit of doubts otherwise，you are a Bias person...

正像这一评论所指出的，是不是宣传取决于评论者的政治立场和所处语境。站在东方人和非发达国家的立场，人们同样可以指责欧美国家的政治宣传（还有它们对其他国家的侵略、殖民和杀戮）。值得一提的是，这一评论的作者本身并不是中国人。这说明，即使是在中国政府遭受质疑的时候，仍然有大量的外国人倾向于相信、支持中国政府，在评论中表达他们的积极情感。

（三）与"中国人民"相关评论中的情感

在针对 Chinese people 的评论中，积极情感仅稍高于消极情感。一些代表性的评论如下。

（20）I am really impressed by the dedication and sacrifices of the Chinese people to help their fellow citizens. My prayers go to you all...

（21）What a nation. Chinese people are sometimes rude, but they are hard workers and have big hearts.

（22）Chinese people ate everything, rat, snake, dog, bat, insects, cat, reptiles, birds, etc. Now nature is balancing.

（23）Chinese people eat everything that moves… we all pay because of their ignorance.

（24）So hard for Chinese people are suffering, but never again have wild life sales for it is unhealthy for all life on earth.

（25）Many years later, the world will know Chinese made enormous contribution and sacrifice for protecting people in other counties, meanwhile all Chinese people were facing discrimination and were basely slandered by the fucking Denmark newspaper and US government and so on. Well I hate to say this but Chinese people in my neighborhood right now are frowned upon and if people lose their houses because they can't work I think Chinese people gonna have a tough time ahead of them, it's a shame but it's just the way the world. I've seen it before with other ethnic groups, Stay safe and Godspeed.

（26）Please stop the stupid racism to Chinese people, they are sacrificing and trying their best to not just protect Chinese people, but also the people around the world. More peace and love.

（27）And yet there are still hate for Chinese people my God can't stop my tears. They are also victims. Please don't hate them.

从这些评论中可以看出，有关中国人民的积极情感主要集中在他们自身的优良品质，如勤奋（hard workers）、宽容（have big hearts），以及他们对抗击新冠病毒所做出的努力和牺牲。与中国人民有关的消极情感主要集中在（评论者认为的）中国人吃野生动物和西方国家出现的对中国人的种族歧视这两方面。LancsBox 分析显示，eat（吃）是一个与 Chinese people 搭配强度较高的词，有较多的评论者会将中国人民和他们所吃的食物联系起来。同时，就像评论 25、26、27 所指出的那样，中国人民受到了来自其他民族的（愚蠢的，stupid）偏见和憎恨，尽管这些都是毫无依据的（baseless）。

（四）与"纪录片"相关评论中的情感

有关 documentary（纪录片）的评论中，积极情感远高于消极情感。这从 documentary 一词的搭配图解中就可以看出（如图 7-14 所示）。

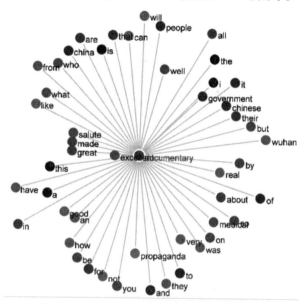

图 7-14　documentary 一词的搭配图解

图 7-14 中，与 documentary 一词搭配强度较高的词包括 salute、great、good、real，这些都是积极情感的体现。唯一与消极情感相关的词是 propaganda（宣传）。一些代表性的评论如下。

（28）Awesome documentary! China is a fascinating country, its [sic] too bad that most people in the west have been indoctrinated and misinformed by the media to dislike China.

（29）Excellent documentary. The medical staff who fought and won this battle deserve all the praise they can get.

（30）A great documentary!

（31）This is a good documentary. Job well done.

(32) Very touching documentary. I pray for their fast recovery.

(33) Great documentary! Very well produced! This history of virus has become part of us and we become part of the history of this battle!

(34) EXCELLENT DOCUMENTARY!! Praying that this whole nightmare comes to an end worldwide. Blessings from Omaha Nebraska USA.

(35) Such a well-made and informative documentary, felt like I was there.

(36) This is a rather good documentary, considering it's produced by the government. It focuses on ordinary people's stories with various attitudes (the majority is positive obviously).

(37) I cant [*sic*] believe it, the way they made this documentary, the voice overs, the angles of filming, the cuts, it all looks and sounds too much like a trailer for a zombie/doomsday movie or something, where the entire population of a region is evacuating and the entire city is empty.

(38) How to trust this Govt sponsored Channel documentary?

(39) Documentary or political propaganda? How many of the shots are real? CCP?

(40) Thanks for the documentary. I'm wondering how many people will deliberately ignore this and criticize China for having no transparency.

在这些评论中，有关纪录片的积极情感既有直接的赞美，如评论 28—35，也有对纪录片的详细评价，如评论 36 赞扬纪录片对普通人的关注和片中所体现的各种态度，评论 37 则认为纪录片在解说、拍摄角度、剪辑等方面都可以和末日影片的宣传片媲美。相比之下，评论 38 和评论 39 则质疑纪录片的真实性，体现的是消极情感。而评论 40 则可以看作评论者对某些总对中国政府不怀好意的人的调侃，认为他们很有可能再次无视此纪录片的存在，转而批评中国政府信息不透明。

（五）与"医生"相关评论中的情感

和"纪录片"类似，与 doctors（医生）相关的评论也是积极情感远大于消极情感。LancsBox 中 doctors 一词的搭配图解如图 7-15 所示。

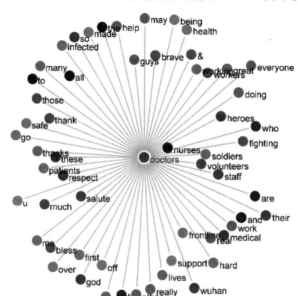

图 7-15 doctors 一词的搭配图解

图 7-15 中，与 doctors 搭配强度较高且体现积极情感的词汇包括 thank（s）、respect、salute、safe、bless、support、real、heroes、great、brave、help 等。与消极情感相关的词仅有 infected、soldiers 和 fighting。一些代表性评论如下。

（41）Scary shit… these doctors and nurse are as good as fighting soldiers in a war zone.

（42）You doctors are the real heroes of this time.

（43）Now these nurses and doctors are heroes.

（44）I cried… So much respect for doctors nurses，soldiers，volunteers and many more people… We all support you remember that…！！

（45）I have the upmost respect for all the doctors，nurses and anyone fighting to keep coronavirus from spreading.

(46) To all doctors and nurses in China-Wuhan, you guys stood up for your people and we respect you for what you are doing.

(47) I support for all doctors fighting with Covid 19.

(48) I live in South Korea & these days the virus also spreads very fast here. Watching this makes me cry & scared. Respect to all doctors & nurses Hope this virus gone soon.

(49) I really appreciate those doctors and nurses who has given their everything to safe Corona virus patients in Wuhan till now, as well as local communities who has equally helping... Nepal will salute You all...

(50) Damn, the doctors and nurses sleep in a twin bed with another person. Crazy! They can't even go home.

从这些评论中可以看出，评论者对医生基本上都持一种积极的态度，认为医生是抗击新冠病毒的战士（soldiers），是英雄（heroes），表达了自己的敬意（respect）和支持（support）。而评论 50 则更具体，提到了纪录片中所讲的医生护士吃住在医院，几个人一个房间，两个人睡一张单人床的情节。这些评论显示，《武汉抗疫纪》这一部纪录片在致敬医护人员方面是比较成功的，绝大多数评论者都接受了片中所传递的信息，并在他们的评论中体现了出来。

结语

2020 年年初，新冠疫情暴发。截至北京时间 2021 年 5 月 25 日 21 时 59 分，全球累计新冠确诊病例逾 1.67 亿，累计死亡病例超 347 万例。在《武汉战疫纪》这一纪录片在 YouTube 上播放一年多之后，仍然不断有观众在视频下方留言，感慨在 2020 年 2 月，当中国政府下令武汉封城时，西方媒体不遗余力批评乃至抹黑中国政府，认为强制实行封锁是"不尊重人权""不人道"，而当疫情蔓延至西方国家时，大家却不约而同实施了强制封锁。这时，所有的西方媒体都保存缄默，没有谁开口批评自己的政府践踏人权，这种双标行为是如此可笑。

随着新冠疫情在世界其他地区的蔓延和恶化，许多评论者开始呼吁自己的政府向中国政府学习在疫情暴发之初，中国政府的快速反应和有力措施。一些代表性评论如下。

（51）To review that moment after one year, China has done a great job compared with India today. （2021 年 5 月 10 日）

（52）China has overcome the worst nightmare in the history of mankind. The world need ［sic］ to learn from chinese ［sic］ relentless effort in fight against deadly virus. Western media always lie and discredit other countries achievement unless if it comes from West. Hats off to Chinese doctor, nurses, administration and great leadership of CCP party. （2021 年 5 月 13 日）

（53）You can't wake up someone who pretends to be asleep. Some people always like to make irresponsible remarks about China. Viruses don't talk about politics, and numbers don't lie. The number of confirmed cases of the COVID-19 in the US exceeds 33M, and the deaths exceed 585K, which are 360 times and 120 times those of China, respectively. The number of deaths in the United States has exceeded the combined number of deaths in WW1, WW2, Korean War, and Vietnam War. When Wuhan was "lockdown" on January 23, at the same time, there was only 1 confirmed case in the US. The US politicians and western media have slandered China and fabricated all kinds of incredible lies in order to divert domestic troubles such as racial discrimination, gun proliferation, abuse of power, out-of-control of the COVID-19, and the gap between the rich and the poor, etc. But, as Lincoln said："You can deceive some people at all times, or you can deceive all people in a period of time, but you cannot deceive all people at all times." （2021 年 5 月 17 日）

159

在英文互联网电影资料库（IMDb①）的网站上，纪录片《武汉战疫纪》得分为 7.6 分。这一得分几乎追平华语电影史上第一部获得奥斯卡最佳外语影片的电影大片《卧虎藏龙》（李安，2000，7.8 分）。因此，将《武汉战疫纪》看作中国官方媒体近年来在国际观众中产生较大、较好影响的作品之一，并不是夸大其词。

在《武汉战疫纪》之后，许多国外媒体，如 BBC、福克斯（Fox）等都先后制作了与新冠疫情和封城相关的纪录片，但其在 YouTube 上的播放量和评论数量远不能和《武汉战疫纪》相比。因此，《武汉战疫纪》给我们的第一个启发是，影片的内容是否契合当下话题热点，是否具有时效性，是决定播放量的主要因素之一。可以预见，今后还会有更多以新冠疫情为主题的纪录片问世，但《武汉战疫纪》作为全球第一部有关新冠疫情的英文纪录片的地位是不会改变的。另外，本章的分析也显示，视频发布前期，观众的评论数量最多、最集中，也是最容易奠定情感基调的时期。随着时间的推移，评论者的情感会发生变化，但因为后期评论数量不多，在所有评论中所占比重不大，因而很难改变前期评论所奠定的情感基调。再者，本章对评论中消极情感的分析也显示，视频的制作者身份最容易受到攻击，并从根本上影响观众对视频内容的态度。例如，许多评论者抓住 CGTN 是受中国政府资助的电视台这一点不放，从而导致其他观众对纪录片中呈现内容的真实性产生怀疑。此外，有关普通人的呈现最容易让观众产生情感共鸣，这一点从评论者几乎一致表达了对一线医护人员和志愿者的赞扬和钦佩可以看出。最后，影片中积极情感与消极情感的比例应适当。过度地体现积极情感会显得不那么真实。相反，呈现普通人情感脆弱的一面，如护士谢晶晶在镜头前含泪承认自己也很害怕的情节，有时反而更能打动观众。

Hadzy 网站根据所有针对《武汉战疫纪》的评论，统计出了最受关注的话题，其中排名最靠前的两个分别如下。

(54) The Chinese has warned us showed the rest of the world how to deal

---

① IMDb 网址：https：//www. imdb. com/title/tt11926948/? ref_ =fn_ al_ tt_ 1。

the virus in the past 2 months, and look at how our government has reacted?
(2020 年 4 月 1 日)

（55）When will the time come when we stop saying 'I am from the US',
'I Am from Israel', 'I am from China' and start saying: 'I am from Earth'?
How many more pandemics or world wars will it take for this to change? (2020
年 3 月 19 日)

这两个评论得到了世界各地评论者的关注，也有很多人在评论的下方留
下了自己的回复。与本章前面所讨论的评论相比，这两个评论并不包括直接
的情感性表达，但其所隐含的对自己所在国家政府的失望（评论 54）和对全
人类命运共同体的反思和担忧（评论 55），无疑得到了相当一部分观众的共
鸣。如果一部纪录片在让世界各地观众感动的同时，能够引人深思，让处在
地球不同位置的观众都深刻意识到，我们属于一个地球，建设人类命运共同
体，我们都有责任，那这部纪录片必定不会被世人遗忘。

第八章

新华网与美联社洪灾图片的新闻价值对比研究

本章关注新华网英文版（Xinhua Net）和美联社（Associated Press）在线图片库对国际和国内洪灾新闻价值的呈现。图片库（photo galleries）是新闻报道中一种相对较新的体裁，坎普尔（H. Caple）和诺克斯（J. Knox）将其定义为"按一定顺序排列的图像和文字复合体（其中文字通常以标题和图注的形式出现），通常出现在各大新闻机构的网站上"①。纸质报纸因受空间限制，通常会对照片进行严格的筛选和编辑。相比之下，网络新闻媒体则为原本没有机会在纸质报纸上发表的照片提供了展示的平台。

在此背景下，不同新闻机构的在线图片库如何构建某一类型事件的新闻价值，就成了一个有意义的研究话题：在线图片库是与纸质报纸新闻照片一样，也体现了特定的文化和意识形态偏见②，还是与纸质报纸不同，提供了一个相对中立、脱离意识形态影响的自我和他者形象展示空间？③

本章研究的语料来自新华网和美联社网站上有关国际和国内洪灾的图片库。选择洪灾是因为近年来这一自然灾害发生次数逐年上升，且在新闻报道中出现的频率较高。选择新华网和美联社的图片库进行分析，是因为这两个

① CAPLE H，KNOX J. A Framework for the Multimodal Analysis of Online News Galleries：What Makes a "Good" Picture Gallery? [J]. Social Semiotics，2015，25（3）：294.

② LANGTON L M. Photo Coverage of the Third World in Four Prestige us Newspapers [J]. Newspaper Research Journal，1991，12（4）：98-107；HUXFORD J. Beyond the referential：Uses of Visual Symbolism in the Press [J]. Journalism，2001，2（1）：45-71；FAHMY S. Photojournalists' and Photo Editors' Attitudes and Perceptions：The Visual Coverage of 9/11 and the Afghan War [J]. Visual Communication Quarterly，2005，12（3-4）：146-163.

③ MIDBERRY J. Photos of the Day Galleries：Representing a More Nuanced World [J]. Journalism，2016，18（6）：700-715.

新闻机构在文化和政治背景上相差较大，可以分别作为发展中国家和发达国家新闻媒体的代表。本章研究还可以进一步揭示社会文化和政治背景对图片库新闻价值构建的影响程度。本章采用的理论框架是话语新闻价值分析（discursive news values analysis，DNVA），这是一种从话语分析角度对新闻价值进行研究的方法，近年来得到迅速发展①。该理论框架将新闻价值定义为"存在于话语中并通过话语构建的活动者、事件和问题的'新闻价值'"②。"话语"（discourse）这一概念包括新闻建构中所使用的文字、图像等符号资源。

　　本章研究旨在回答以下问题：（1）新华网和美联社的国内外洪灾图片库构建了哪些新闻价值，是如何构建这些新闻价值的；（2）本章研究结果与以往研究结果有何异同，能够带来何种启示。本章研究的意义在于对图片库这一新闻体裁的分析，对跨文化比较的关注，以及引发有关灾难性事件报道中正面性这一新闻价值的思考。米德博雷（J. Midberry）③ 指出，截至目前，很少有学者研究过在线图片的新闻功能。贝德纳雷克和坎普尔④也曾指出，新闻界目前尚缺乏对新闻价值的跨文化分析。

① BEDNAREK M, CAPLE H. "Value added": Language, Image and News values ［J］. Discourse, Context & Media, 2012, 1 (2-3): 103-113; BEDNAREK M, CAPLE H. Why Do News Values Matter? Towards a New Methodological Framework for Analysing News Discourse in Critical Discourse Analysis and beyond ［J］. Discourse & Society, 2014, 25 (2): 135-158; CAPLE H, BEDNAREK M. Rethinking News Values: What a Discursive Approach can Tell Us about the Construction of News Discourse and News Photography ［J］. Journalism, 2016, 17 (4): 435-455; BEDNAREK M, CAPLE H. The Discourse of News Values: How News Organizations Create Newsworthiness ［M］. New York: Oxford University Press, 2017.
② BEDNAREK M, CAPLE H. The Discourse of News Values: How News Organizations Create Newsworthiness ［M］. New York: Oxford University Press, 2017: 137.
③ MIDBERRY J. Photos of the Day Galleries: Representing a more Nuanced World ［J］. Journalism, 2016, 18 (6): 700-715.
④ BEDNAREK M, CAPLE H. The Discourse of News Values: How News Organizations Create Newsworthiness ［M］. New York: Oxford University Press, 2017.

第一节 国际/国内灾难报道与图片库研究

一、国际与国内灾难报道

学者很早就指出，媒体对灾难的报道是有选择性的（selective）①。这种选择性体现在选择报道哪些灾难以及如何报道。就选择报道哪些灾难而言，有学者提出，灾难的严重性，或科特尔（S. Cottle）② 所称的"死亡演算"（the calculus of death，因灾死亡人数）会影响媒体对该事件的关注程度。然而，也有证据表明，与西方媒体的"自我关注"（self-interest）相比，灾难的伤亡规模可能并不那么重要。③ 媒体监控公司 CARMA 的报告④发现，在其调查的 6 个自然灾害中，被报道最多的是卡特里娜飓风事件，但在 6 个自然灾害中，卡特里娜飓风所造成的死亡人数最少、人口流离率最低，其受关注的主要原因与其主要在美国境内产生了影响有关。因此，可以说，西方媒体往往更关注在地域或文化上与其相近地区的灾难。⑤ 相应地，发展中国家和非西方国家的灾难获得报道的频率较低。

---

① BENTHALL J. Disasters Relief and the Media [M]. London：I. B. Tauris & Co. Ltd，1993.

② COTTLE S. Global Crisis Reporting [M]. Maidenhead：Open University Press，2008.

③ MOELLER S D. "Regarding the Pain of Others"：Media, Bias and the Coverage of International Disasters [J]. Journal of International Affairs, 2006, 59（2）：173 - 196；JOYE S. News Discourses on Distant Suffering：A Critical Discourse Analysis of the 2003 SARS Outbreak [J]. Discourse & Society, 2010, 21（5）：586-601.

④ CARMONA C R. The Fiction in Non-Fiction Film [J]. Icono 14, 2019, 17（2）：10-31.

⑤ HANUSCH F. Valuing Those Close to us：A Comparison of German and Australian Quality Newspapers' Reporting of Death in Foreign News [J]. Journalism Studies, 2008, 9（3）：341-356；JOYE S. The Hierarchy of Global Suffering：A Critical Discourse Analysis of Television News Reporting on Foreign Natural Disasters [J]. Journal of International Communication, 2009, 15（2）：45-61；JOYE S. Media and Disasters：Demarcating an Emerging and Interdisciplinary Area of Research [J]. Sociology Compass, 2014, 8（8）：993 - 1003；WALTER D, SHEAFER T, NIR L, et al. Not All Countries Are Created Equal：Foreign Countries Prevalence in Us News and Entertainment Media [J]. Mass Communication and Society, 2016, 19（4）：522-541.

　　除了报道频率不同，媒体对世界不同地区灾难性事件的报道方式也不相同。例如，乔伊（S. Joye）① 所做的一项对比研究表明，西方媒体对美国和澳大利亚的灾难采取了贴近受众的报道方式，且倾向于突出市民和政府的能动作用。相比之下，印度尼西亚和巴基斯坦的灾难则被呈现为遥不可及的事件，突出了受害者无力改变现状、孤立无援的形象。斯洛曼（P. Solman）和亨德森（L. Henderson）② 比较了英国媒体对英格兰北部和印度金奈的洪灾报道频率和方式。他们的分析结果显示，对两次洪灾的报道数量存在明显的不对等：仅仅一周时间内，就有 710 份关于英格兰北部洪灾的报道，而在 6 周内只有 57 份关于金奈洪灾的报道。此外，关于英格兰北部洪灾的报道通常旨在强化受害者和读者之间的相似性和共同价值观，而关于金奈洪灾的报道往往将灾难描述成常规性事件，强调灾难的戏剧性大于灾难给个人带来的痛苦。

　　以往关于灾难报道选择性的研究大多集中在西方媒体，很少有研究关注非西方媒体的报道。正因如此，乔伊③呼吁通过增加对非西方媒体的研究来实现对当前研究领域的"去西方化"（de-Westernize）。此外，之前的研究倾向于以文字报道为主要研究对象，对图片库这一体裁关注较少，这也是笔者进行本章研究的主要原因之一。

二、图片库作为新闻报道的一种方式

　　长期以来，照片一直被看作新闻事件客观、真实的证据④，为新闻报道提

---

① JOYE S. The Hierarchy of Global Suffering：A Critical Discourse Analysis of Television News Reporting on Foreign Natural Disasters［J］. Journal of International Communication，2009，15（2）：45-61.

② SOLMAN P，HENDERSON L. Flood Disasters in the United Kingdom and India：A Critical Discourse Analysis of Media Reporting［J］. Journalism，2019，20（12）：1648-1664.

③ JOYE S. Media and Disasters：Demarcating an Emerging and Interdisciplinary Area of Research［J］. Sociology Compass，2014，8（8）：993-1003.

④ HALL S. The Determinations of News Photographs［M］//COHEN S，YOUNG J. The Manufacture of News：Social Probelms，Deviances and the Mass Media. London：Constable，1973：176-190；SEKULA A. Photography Against the Grain［M］. Halifax：The Press of the Nova Scotia College of Art and Design，1984：56-57.

供了"摄影真实性"①。在报道灾难时，照片的使用可以帮助观众"亲眼见证这些遥远事件的发生，让不在场的人也由衷地感到，苦难是如此的真实"②。然而，照片并不仅仅是真实事件的客观记录。相反，照片也体现着某种观点，并通过对视觉内容的选择和呈现方式来提供对事件的某种解释。③ 新闻照片的意识形态属性已得到大量研究，其中最主要的是视觉框架（visual framing）概念的提出。④ 波普（R. K. Popp）和门德尔松（A. L. Mendelson)⑤ 的研究还表明，视觉呈现的独特性使它们能够传递无法用语言传递的意识形态信息。

当关于同一事件/人物的照片被放在同一个标题之下进行在线展览时，它们就构成了一个图片库。一些学者认为，在线图片库也体现着特定的意识形态。⑥ 例如，罗斯瓦尔（A. Roosvall)⑦ 发现，《卫报》（*The Guardian*，英国）、《瑞典日报》（*Svenska Dagbladet*，瑞典）和《华盛顿邮报》（*The Washington Post*，美国）的图片库将伊斯兰教呈现为暴力的、具有破坏性的、政治

① ZELIZER B. Journalism Through the Camera's Eye [M] //ALLAN S. Journalism：Critical issues. Maidenhead：Open University Press, 2005：171.

② KENNEDY D. Selling the Distant Other：Humanitarianism and Imagery：Ethical Dilemmas of Humanitarian Action [J]. The Journal of Humanitarian Assistance, 2009, 28：4.

③ SONTAG S. Regarding the Pain of Others [M]. New York：Farrar, Straus and Giroux, 2003.

④ MESSARIS P, ABRAHAM L. The Role of Images in Framing News Stories [M] //REESE S D, GANDY O H, GRANT A E. Framing Public Life：Perspectives on Media Our Understanding of the Social World. New Jersey：Lawrence Erlbaum Associates, 2001：215-226；FAHMY S. Contrasting Visual Frames of Our Times：A Framing Analysis of English and Arabic-Language Press Coverage of War and Terrorism [J]. International Communication Gazette, 2010, 72 (8)：695-717；HUANG Y, FAHMY S. Picturing a Journey of Protest or a Journey of Harmony? Comparing the Visual Framing of the 2008 Olympic Torch Relay in the Us Versus the Chinese Press [J]. Media, War & Conflict, 2013, 6 (3)：191-206.

⑤ POPP R K, MENDELSON A L. "X" -ing out Enemies：Time Magazine, Visual Discourse, and the War in Iraq [J]. Journalism, 2010, 11 (2)：203-221.

⑥ KIM H S, SMITH C Z. Sixty Years of Showing the World to America：Pulitzer Prize-Winning Photographs, 1942-2002 [J]. Gazette：The International Journal for Communication Studies, 2005, 67 (4)：307-323；GREENWOOD K, ZOE SMITH C. How the World Looks to Us：International News in Award-Winning Photographs from the Pictures of the Year, 1943-2003 [J]. Journalism Practice, 2007, 1 (1)：82-101.

⑦ ROOSVALL A. Religion, Globalization and Commodification in Online World News Slideshows：The Disconnection of Images and Texts [J]. Social Semiotics, 2016, 26 (1)：76-93.

性的宗教，而基督教和佛教等其他宗教则被呈现为和平、有精神追求、非政治性的宗教。然而，与纸质报纸上的照片相比，在线图片库可能并不会受到选择标准的严格限制。米德博雷①的研究发现，来自《纽约时报》《洛杉矶时报》和《华盛顿邮报》的每日图片（Photos of the Day）中，有关国际新闻的报道并没有显示出强调冲突和灾难性事件的倾向。这一发现与之前的研究结果形成了鲜明对比。之前的研究认为，美国媒体所使用的照片倾向于塑造并强调其他国家的负面形象②。米德博雷③因此提出，图片库可能为美国媒体提供了一个以更中立和多样的方式呈现国际新闻的空间。

　　以上述研究结果为背景，本章研究主要关注新华网和美联社的在线图片库如何呈现洪灾这一越来越常见的自然灾害。以话语新闻价值分析（DNVA）为主要理论框架，有关这一框架的具体讨论见下节。

第二节　理论框架：洪灾图片库的话语新闻价值分析

　　新闻价值在新闻传播学领域得到了广泛研究。不同学者对新闻价值提出了各自的理解和定义，这些在坎普尔和贝德纳雷克④之前的研究中已得到详细回顾，在此就不再赘述。概括而言，有的学者认为新闻价值是一个事件的内

① MIDBERRY J. Photos of the Day Galleries：Representing a More Nuanced World［J］. Journalism，2016，18（6）：700-715.

② LANGTON L M. Photo Coverage of the Third World in Four Prestige Us Newspapers［J］. Newspaper Research Journal，1991，12（4）：98-107；KIM H S，SMITH C Z. Sixty Years of Showing the World to America：Pulitzer Prize-Winning Photographs，1942-2002［J］. Gazette：The International Journal for Communication Studies，2005，67（4）：307－323；GREENWOOD K，ZOE SMITH C. How the World Looks to Us：International News in Award-Winning Photographs from the Pictures of the Year，1943－2003［J］. Journalism Practice，2007，1（1）：82-101.

③ MIDBERRY J. Photos of the Day Galleries：Representing a More Nuanced World［J］. Journalism，2016，18（6）：700-715.

④ CAPLE H，BEDNAREK M. Delving into the Discourse：Approaches to News Values in Journalism Studies and Beyond［J］. Reuters Institute for the Study of Journalism，2013：1-29；BEDNAREK M，CAPLE H. The Discourse of News Values：How News Organizations Create Newsworthiness［M］. New York：Oxford University Press，2017.

在价值，某一事件"要么拥有它们（新闻价值），要么没有"①。有的学者倾向于认为，新闻价值是决定报道或不报道某个事件的一套标准，被广泛应用于新闻界的社会实践。② 此外，新闻价值也被认为是存在于新闻从业者头脑中的"常识"。③ 这些通常被称为新闻价值的物质、社会和认知视角。④

可以看出，上述观点通常试图回答为什么一个事件成了"新闻"。而最近几年出现的另一种关于新闻价值的研究视角，则侧重于研究媒体报道如何将一个事件呈现为"新闻"。这就是贝德纳雷克和坎普尔⑤以话语分析为基础发展起来的话语新闻价值分析（discursive news values analysis，DNVA）方法。贝德纳雷克和坎普尔认同贝尔（A. Bell）⑥ 和科特尔⑦的观点，认为新闻价值是存在于话语中并通过话语建构的价值，"媒体通过特定新闻价值的建构赋予

① GALTUNG J，RUGE M H. The Structure of Foreign News：The Presentation of the Congo，Cuba and Cyprus Crises in Four Norwegian newspapers ［J］. Journal of Peace Research，1965，2（1）：71；NIBLOCK S，MACHIN D. News Production：Theory and Practice ［M］. London：Routledge，2014；HARCUP T，O'NEILL D. What is News？News Values Revisited（Again）［J］. Journalism Studies，2017，18（12）：1470-1488.

② PALMER J. Spinning into Control：News Values and Source Strategies ［M］. London：Leicester University Press，2000.

③ VAN DIJK T A. News as Discourse ［M］. Hillsdale：Lawrence Erlbaum Associates，1988；SCHULTZ I. The Journalistic Gut Feeling：Journalistic Doxa，News Habitus and Orthodox News Values ［J］. Journalism Practice，2007，1（2）：190-207.

④ 郇昌鹏. 新闻价值研究的话语分析视角 ［J］. 当代外语研究，2016（5）：45-51，94；MAKKI M. "Discursive News Values Analysis" of Iranian Crime News Reports：Perspectives from the Culture ［J］. Discourse & Communication，2019，13（4）：437-460.

⑤ BEDNAREK M，CAPLE H. "Value Added"：Language，Image and News Values ［J］. Discourse，Context & Media，2012，1（2-3）：103-113；BEDNAREK M，CAPLE H. Why Do News Values Matter？Towards a New Methodological Framework for Analysing News Discourse in Critical Discourse Analysis and Beyond ［J］. Discourse & Society，2014，25（2）：135-158；BEDNAREK M，CAPLE H. Why Do News Values Matter？Towards a New Methodological Framework for Analysing News Discourse in Critical Discourse Analysis and Beyond ［J］. Discourse & Society，2014，25（2）：135-158.

⑥ BELL A. The Language of News Media ［M］. Oxford：Blackwell，1991.

⑦ COTTER C. News Talk：Investigating Language Journalism ［M］. Cambridge：Cambridge University Press，2010.

事件新闻价值"①。她们意在揭露这样一个事实，即新闻价值最终是在新闻话语中，通过特定的符号资源（如语言和图像）构建的。话语新闻价值分析通常借鉴语言学和社会符号学的相关理论。

在认真回顾、总结前人对新闻价值相关研究的基础上，贝德纳雷克和坎普尔②提炼出了 11 种新闻价值，具体包括美学吸引力（aesthetic appeal，仅针对图片）、预期（consonance）、精英（eliteness）、影响力（impact）、负面性（negativity）、正面性（positivity）、平民关注（personalization）、落地性（proximity）、重大性（superlativeness）、时效性（timeliness）和意外性（unexpectedness）。这些新闻价值的定义和实现途径在贝德纳雷克和坎普尔的研究中有具体论述。③ 话语新闻价值研究被提出之后，已得到广泛采用④，并被证明有助于揭示新闻价值背后的意识形态和文化属性。

① BEDNAREK M，CAPLE H. Why Do News Values Matter? Towards a New Methodological Framework for Analysing News Discourse in Critical Discourse Analysis and Beyond ［J］. Discourse & Society，2014，25（2）：150.

② BEDNAREK M，CAPLE H. The Discourse of News Values：How News Organizations Create Newsworthiness ［M］. New York：Oxford University Press，2017.

③ BEDNAREK M. Voices and Values in the News：News Media Talk，News Values and Attribution ［J］. Discourse，Context & Media，2016，11：27-37；CAPLE H，BEDNAREK M. Rethinking News Values：What a Discursive Approach Can Tell Us about the Construction of News Discourse and News Photography ［J］. Journalism，2016，17（4）：435-455.

④ DAHL T，FLØTTUM K. Verbal-visual Harmony or Dissonance? A News Values Analysis of Multimodal News Texts on Climate Change ［J］. Discourse，Context & Media，2017，20：124-131；FRUTTALDO A，VENUTI M. A Cross-Cultural Discursive Approach to News Values in the Press in the US，the UK and Italy：The Case of the Supreme Court Ruling on Same-Sex Marriage ［J］. ESP Across Cultures，2017，14：81-97；HUAN C P. Leaders or Readers，Whom to Please? News Values in the Transition of the Chinese Press ［J］. Discourse，Context & Media，2016，13：114-121；MAKKI M. "Discursive News Values Analysis" of Iranian Crime News Reports：Perspectives from the Culture ［J］. Discourse & Communication，2019，13（4）：437-460.

由于本章研究主要关注洪灾图片库，笔者根据之前的相关研究①和对所收集语料的初步分析，提出了新闻价值在本研究中的定义和构建方式。具体内容详见表8-1。

表8-1 洪灾图片库中新闻价值的定义和构建形式

新闻价值及其定义	文字构建方式	图片构建方式
美学吸引力： 与洪灾相关的人、事物或照片本身看起来很美	—	内容方面，呈现美丽的景色、物体或人；技术方面，使用特殊的构图方式和摄影技术，如控制快门速度、ISO、光圈、锐度、噪点等
预期： 洪灾事件，人或人的行为，被呈现为典型的、常规的、符合预期的	与洪灾的高频率和普遍性相关的语言表达（如 again、recurring、every year 等）	对人物及其行为、组织或国家刻板印象/典型形象的呈现
精英： 与洪灾相关的人物或机构等，被呈现为著名人士、著名机构	彰显地位的语言表达，如广为人知的姓名、头衔、称谓（如 the President、Professor），以及对精英阶层的集体称谓（如 authorities、police officers）等	著名人物的照片；彰显人物地位的视觉元素，如制服、打扮或所处环境
影响力： 洪灾被呈现为产生了较大影响的事件	有关后果或损失的表达，如 left dozens of people dead、flooded low-lying areas 等	对洪灾所造成破坏的视觉呈现，如被洪水淹没的房屋和汽车、被吹倒的树木、被污泥覆盖的街道等

① BEDNAREK M, CAPLE H. The Discourse of News Values：How News Organizations Create Newsworthiness [M]. New York：Oxford University Press, 2017; CAPLE H, BEDNAREK M. Rethinking News Values：What a Discursive Approach Can Tell Us about the Construction of News Discourse and News Photography [J]. Journalism, 2016, 17 (4)：435-455; MAKKI M. "Discursive News Values Analysis" of Iranian Crime News Reports：Perspectives from the Culture [J]. Discourse & Communication, 2019, 13 (4)：437-460.

续表

新闻价值及其定义	文字构建方式	图片构建方式
负面性： 洪灾被呈现为负面事件	有关负面情感、行为的表达，或负面词汇的使用，如 floodwater、downpour、kill、death 等	人流露出负面情感的照片，对洪水本身的视觉呈现，洪灾过后倒塌的房屋，被破坏的家具、街道、桥梁等
平民关注： 对普通人的关注和呈现，与"精英"相对立	对普通人的指称，如姓名或概括性称谓（如 Alena and John、a mother、a man、local people 等）	对普通人，如洪灾难民、当地人、志愿者等的视觉呈现
正面性： 与洪灾相关的人，人的行为或事件被呈现为正面的	有关正面情感、行为的表达，或积极词汇的使用（如 happy、help、rescue、protect、aid 等）	人流露出正面情感的照片，人物积极行为、防洪建筑、设施等的视觉呈现
落地性： 洪灾被呈现为地域上或文化上接近目标读者的事件	地域上或文化上接近目标读者的城市或国家名称	照片中目标读者能够识别出的地标建筑、国家/文化的象征标志等
重大性： 洪灾被呈现为规模大、影响大的事件	程度较强的词汇，如 wreck、ravage；起强化作用的词，如 extreme、catastrophic；量词，如 thousands of；强调重大的隐喻、明喻和重复等	图片重复呈现某一元素，如大量被淹没的房屋、车辆等，无人机拍摄的大规模洪水等
时效性： 洪灾被呈现为新近发生、时效较高的事件	照片拍摄或事件发生的日期，诸如 yesterday、earlier this morning 之类的表达	能够显示时效的自然或人文景观，如圣诞树、新年祝福、节日装饰等
意外性： 洪灾或与洪灾相关事件被呈现为意外的、罕见的	表示意外的表达，如 unprecedented、the first time in 9 years 等	照片中不常见、奇怪、怪异的事件或人物及其行为

在表 8-1 所列出的新闻价值中，正面性值得特别关注。正如贝德纳雷克

和坎普尔①指出的，只有部分学者曾将正面性视作一种新闻价值。而笔者最开始将正面性包括在内，是因为之前的研究表明，正面性在中国媒体语境中是一个较为显著的新闻价值。② 随后，在对所收集语料进行初步浏览时，笔者发现，语料中正面性的出现频率高于预期。为更好地理解这一新闻价值，笔者按照贝德纳雷克③的建议，将正面性进一步分为正面情感、正面行为和正面事物。分类的主要依据是评价对象。正面情感主要包括灾民的幸福、快乐感和感激、满足之情。正面的行为包括灾民的自救行为，如洪灾前和洪灾期间努力拯救自己的财产，洪灾后清理受损的房屋/街道等。正面的行为还包括士兵、警察、消防员和志愿者的救援行动。正面性也可以通过对防洪堤坝、设施等物体的呈现来构建。本章对正面性的纳入和分类也响应了贝德纳雷克和坎普尔④的呼吁，她们认为，需要通过实证研究，加深理解正面性这一新闻价值在新闻话语中的作用。

第三节　语料收集与分析步骤

本章研究的语料来自新华网和美联社网站。笔者使用美联社网站（http：//www. apimages. com/）的"高级检索"功能，以"flood＊"为关键词进行检索。首先，笔者检索了有关国际洪灾的图片库，发现其数量巨大。随后，笔者将时间范围随机限定为 2020 年 9 月 10 日至 20 日，2020 年 11 月 10 日至 20 日这两个时间段，得到 573 个照片—图注复合体。至于美联社有关美国国内洪灾的图片库，笔者最开始采用了与国际洪灾一致的两个时间段进行检索，

① BEDNAREK M, CAPLE H. The Discourse of News Values：How News Organizations Create Newsworthiness [M]. New York：Oxford University Press, 2017：54.

② CAPLE H, HUAN C P, BEDNAREK M. Multimodal News Analysis across Cultures [M]. Cambridge：Cambridge University Press, 2020；郇昌鹏. 新闻价值研究的话语分析视角 [J]. 当代外语研究, 2016 (5)：45-51, 94.

③ BEDNAREK M. Voices and Values in the news：News Media Talk, News Values and Attribution [J]. Discourse, Context & Media, 2016, 11：27-37.

④ BEDNAREK M, CAPLE H. The Discourse of News Values：How News Organizations Create Newsworthiness [M]. New York：Oxford University Press, 2017：54.

发现检索结果数量有限，笔者随即将时间范围扩大至 2020 年 8 月 1 日至 12 月 31 日，得到 222 个照片—图注复合体。美联社国际、国内洪灾图片库的数量差异可能与美国境内洪灾发生的频率不高有关。新华网国际、国内洪灾图片库的语料来自笔者之前所建立的一个大型语料库，包括新华网英文版（http：//www.xinhuanet.com/english/）2020 年 1 月 1 日至 12 月 31 日的所有照片及其图注。所使用语料的整体构成情况详见表 8-2。

表 8-2　语料构成

	国际洪灾照片数量（张）	国内洪灾照片数量（张）
美联社	573	222
新华网	197	487
总计	770	709

语料分析的最小单位是一个照片—图注复合体①，即一张照片和它的图注（通常位于照片下方的文字说明）。分析同时考虑照片和照片的图注，这样做的原因之一是照片与其图注关系密切。桑塔格曾说过，"所有照片都需要其图注来解释或表明真伪"②。霍尔③也指出，读者通常需要借助图注才能理解新闻照片中的人物在做什么，其表情应如何解读。此外，就新闻价值而言，图注可以构建照片所没有/无法构建的新闻价值。例如，时效性和落地性通常通过文字构建，很难以视觉的方式构建。

分析所使用工具是 UAM 图片分析软件。笔者根据研究需要，首先在 UAM 软件中编辑设定好新闻价值分析框架及其 11 个新闻价值选项，其中包括正面性的 3 个二级选项。随后，将所收集的语料按照其属性分为美联社—他

① CAPLE H，KNOX J. A Framework for the Multimodal Analysis of Online News Galleries：What Makes a "Good" Picture Gallery？[J]. Social Semiotics，2015，25（3）：292-321.
② SONTAG S. Regarding the Pain of Others [M]. New York：Farrar，Straus and Giroux，2003：10.
③ HALL S. The Determinations of News Photographs [M] //COHEN S，YOUNG J. The Manufacture of News：Social Probelms，Deviances and the Mass Media. London：Constable，1973：176-190.

173

国洪灾、美联社—本国洪灾、新华网—他国洪灾、新华网—本国洪灾 4 个子语料库，并导入 UAM 软件。

具体分析步骤如下。一个标记员先对每一个照片—图注复合体中的照片进行分析，标记其中所构建的所有新闻价值，随后标记图注文字中所构建的新闻价值，但不标记与照片部分重复的新闻价值，即在同一个照片—图注复合体中，重复出现的新闻价值只标记一次，不重复计算。一个月之后，同一个标记员再对所有语料进行二次标记，并核对标记结果。随后，第二个标记员对所有标记结果进行检查核对，有不同意见时与第一个标记员进行讨论并达成一致。在所有新闻价值中，落地性的分析需要考虑新闻报道的目标读者。笔者将新华网的目标读者设定为中国读者，美联社的目标读者设定为美国读者。这种设定纯属不得已而为之，因为不管是美联社还是新华网，二者都属于在国际上有影响力的新闻机构，其读者群远不止本国读者。

第四节　研究发现与讨论

一、他国洪灾的新闻价值

新华网和美联社图片库所体现的他国洪灾的新闻价值详见图 8-1。图中的比例是每一个新闻价值在其所属语料库所有照片—图注复合体中出现的频率。图 8-1 显示，新华网和美联社在构建他国洪灾的新闻价值方面存在很多共同点，不同之处主要在正面性和落地性。

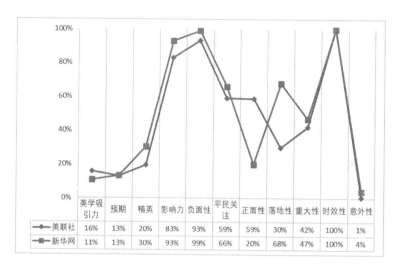

	美学吸引力	预期	精英	影响力	负面性	平民关注	正面性	落地性	重大性	时效性	意外性
美联社	16%	13%	20%	83%	93%	59%	59%	30%	42%	100%	1%
新华网	11%	13%	30%	93%	99%	66%	20%	68%	47%	100%	4%

图 8-1　他国洪灾的新闻价值

具体而言，新华网和美联社每一个照片的图注都包括该照片的发表时间，体现了其时效性（100%）。二者都倾向于将他国洪灾呈现为负面事件（负面性，新华网 99%，美联社 93%）、具有破坏性（影响力，新华网 93%，美联社 83%）、十分严重（重大性，新华网 47%，美联社 42%）。新华网和美联社的图片库也都包括大量平民的照片（平民关注，新华网 66%，美联社 59%），同时也有部分精英（新华网 30%，美联社 20%）。二者都包括一些看起来很美的照片（美学吸引力），且在呈现不寻常事件（意外性）和事件/人物行为的典型形象/刻板印象（预期）方面也相似。除了预期和美学吸引力之外，所有上述新闻价值在新华网图片库的出现频率都高于美联社图片库。

新华网和美联社的主要差异体现在正面性和落地性上。正面性在美联社图片库中出现的频率（59%）远高于其在新华网图片库中出现的频率（20%），而落地性正好相反（新华网 68%，美联社 27%）。下面的小节将具体讨论不同的新闻价值（时效性和意外性除外）在新华网和美联社图片库中是如何建构的。

（一）负面性、影响力和重大性

洪灾本质上属于负面事件，这也是为什么负面性是时效性之外在新华网和美联社图片库中出现频率最高的新闻价值。负面性主要与洪灾的自然灾害属性相关，文字上主要通过图注中 downpour、rainfall、flood 之类的词，视觉上主要通过照片中洪水、淤泥、垃圾等的呈现来构建。所有语料中，只有一张照片呈现了负面情感（人物因为难过而哭泣）。

负面性通常与影响力同时出现。影响力是紧随负面性、出现频率位于第三的新闻价值。新华网和美联社图片库中有大量照片都呈现了洪灾对当地造成的破坏，如道路、汽车被淹没，树木倒地、房屋受损等。

重大性与洪灾破坏的严重程度有关，更多地通过文字而非图片来呈现。对所有语料的分析显示，每 10 个体现了重大性的照片—图注复合体中，大约有 7 个是通过文字来构建的。图注文字构建重大性主要通过描述洪灾的严重性，并提供受洪灾影响的灾民具体数量。下面是来自新华网和美联社的两个例子，其中斜体部分构建了重大性。

（1）*Heavier-than-usual* rains throughout 2020, including monthly flash floods since March, have affected *at least* 16 *of the country's* 22 *governorates*. Local authorities estimate that 130 *people have died*, and *more than* 120 *others have been injured* across Yemen's northern governorates...（新华网）

（2）Flooding has affected *thousands* in the Gulf coast state of Tabasco. The native state of Mexico's President Andrés Manuel López Obrador has been under water for days, *sending nearly 10,000 people* to shelters and *killing at least five*.（美联社）

有的情况下，图注文字部分构建的重大性在照片中有相应体现，如图注中所说，"洪水造成约 1 万人逃离家乡"，照片中显示许多人或车行走或行驶在路上。但绝大多数情况下，重大性都仅出现在图注中，照片中并没有与之相应的视觉呈现。

图 8-2 展示了新华网图片库中的一个照片—图注复合体如何同时构建了包括负面性、影响力、重大性、平民关注、精英、预期、落地性、正面性和时效性在内的多个新闻价值，即一个照片—图注复合体通常不仅构建一个新闻价值。同时，图 8-2 所体现的不同新闻价值的构建方式，不论是仅通过文

字或照片，还是同时通过文字和照片，在本章所分析的语料中均具有代表性。

图8-2 同时构建了多个新闻价值的一个照片—图注复合体

（二）平民关注

理论上讲，图注文字中提及平民，或照片中出现平民，都可以构建平民关注这一新闻价值。在本章分析的语料中，对平民的文字指称和图片呈现倾向于同时出现。也就是说，当照片中显示一个普通人时，图注文字中通常也有对这个人的介绍或对其行为的说明。

正如贝德纳雷克和坎普尔所说，"新闻媒体呈现普通人的照片，通常是因为他们受到了某件事的影响"①。在本章分析的语料中，普通人出现在照片中，通常因为他们是洪灾的受害者。新华网和美联社的图片库中出现许多平民在洪水中艰难前行，或凝视倒塌房屋的照片。有的照片中，人们从洪水中抢救自己的财产，或在清理被洪水破坏的房屋，这些照片同时也体现了正面性（后面会有具体讨论）。

尽管从新闻价值的角度来讲，这些照片都体现了平民关注，但其中的绝

---

① BEDNAREK M, CAPLE H. The Discourse of News Values: How News Organizations Create Newsworthiness [M]. New York: Oxford University Press, 2017: 120.

大多数都使用了中镜头乃至长镜头，即照片是从很远的地方拍摄的，照片中的人物与观者有一定距离，甚至看不太清楚。同时，这些其他国家的洪灾难民通常成群出现，拍摄角度大都是侧面或背面，因此，照片中的人和观者基本没有目光接触。这就导致了一个自相矛盾的现象：一方面，新华网和美联社图片库都有大量照片关注这些受洪灾影响的平民，另一方面，拍摄镜头、角度又倾向于将这些平民呈现为"他者"①。同样，尽管照片图注中都有对图片中人物的文字介绍，但最常见的都是诸如 a man、a woman、a boy、people、children 之类的概括性指称。除此之外，文字部分没有提供任何其他信息，如姓名、年龄、职业等。这种方式构建的平民关注顶多属于一种"非常弱"的平民关注（a "very weak" kind of personalization）②。

（三）精英、预期与美学吸引力

当照片中呈现精英人物或机构，或图注文字中提及这些人物或机构时，精英这一新闻价值即得到构建。精英的两种构建方式在美联社图片库中都有体现，其中照片的呈现略多于图注文字的呈现。与此相反，新华网图片库中只有三张照片呈现了精英人物，一张是柬埔寨前总统，另外两张是菲律宾警察。除此之外精英只出现在图注文字中，一般是对新闻中信息来源的指称，如 authorities、the spokesman of the government 等。

尽管预期这一新闻价值在新华网和美联社图片库中出现的频率一样，但其构建方式存在明显差异。在美联社图片库中，预期主要通过图注文字对洪灾普遍性、常见程度的描述实现，如下例所示。

（3）*Every year*, Sudan experiences floods…（美联社）

（4）… Indonesia… Apart from being caused by high tides, flooding *that occurs for five days every month*, is also caused by land subsidence…（美联社）

---

① KRESS G, VAN LEEUWEN T. Reading Images：The Grammar of Visual Design ［M］. London：Routledge, 2006：133-138.

② BEDNAREK M, CAPLE H. The Discourse of News Values：How News Organizations Create Newsworthiness ［M］. New York：Oxford University Press, 2017：243.

　　类似描述在新华网图片库的图注中并未出现。新华网图片库主要通过照片来构建预期，如对某一国家人民外貌、服饰特点的视觉呈现。例如，在有关印度尼西亚、孟加拉国、索马里等国洪灾的照片中，女性通常身着传统的穆斯林服饰，头上戴着头巾。在有关阿富汗洪灾的照片中，男性身着阿富汗传统服装（如图8-2所示）。

　　美学吸引力在新华网和美联社的照片中都有体现，前者通常通过运用特殊拍摄技术，而后者通常通过呈现美丽的景物来增强照片的吸引力。具体而言，新华网更关注照片的构图方式，并通过调整快门速度和焦距等方式拍出有吸引力的照片。美联社通常选择拍摄好看的物体或风景，如蓝天白云、夕阳晚霞、草原日出等。

（四）落地性

　　新华网和美联社图片库在落地性和正面性这两个新闻价值上的差异较大。落地性主要通过图注中对临近地区的指称实现，在新华网图片库中出现的频率远高于美联社图片库。表8-3罗列了语料中新华网和美联社图片库所涉及的国家，其中在地域或文化上与目标读者接近的国家名称用斜体标识。

表8-3　新华网和美联社图片库所涉及国家

	新华网		美联社	
	国家名称	照片数量（张）	国家名称	照片数量（张）
1	*阿富汗*	15	孟加拉国	16
2	安哥拉	2	*巴西*	10
3	澳大利亚	6	中国	9
4	*孟加拉国*	8	*古巴*	3
5	柬埔寨	12	法国	50
6	*印度*	4	德国	19
7	*印度尼西亚*	54	希腊	12
8	伊拉克	4	危地马拉	3
9	*尼泊尔*	3	洪都拉斯	52

续表

	新华网		美联社	
10	新西兰	4	印度	6
11	*巴基斯坦*	10	印度尼西亚	67
	国家名称	照片数量	国家名称	照片数量
12	菲律宾	11	日本	39
13	索马里	6	老挝	8
14	*韩国*	7	*墨西哥*	71
15	*斯里兰卡*	3	尼加拉瓜	3
16	苏丹	6	朝鲜	4
17	泰国	7	巴勒斯坦	15
18	土耳其	6	菲律宾	153
19	英国	9	俄国	17
20	美国	3	苏丹	11
21	也门	17	英国	5
落地性	*11/21*	*127/197*	*7/21*	*170/573*

表 8-3 显示，新华网图片库所涉及的 21 个国家中，有 11 个属于地域或文化上与中国接近的国家，而美联社图片库所涉及的 21 个国家中，与美国在地域或文化上接近的国家只有 7 个。导致这一现象的部分原因在于两个国家所处的地理位置。中国位于亚洲，属于洪灾高发区。而美国与洪灾频发地区和国家，如印度、印度尼西亚、菲律宾等距离遥远。同时，表 8-3 还显示，新华网和美联社都倾向于报道距离本国读者更近的国家。美联社所报道的相对于美国读者落地性较强的 7 个国家中，有 6 个（巴西、古巴、法国、德国、希腊、墨西哥）在新华网中并未涉及。

（五）正面性

正面性在新华网图片库中出现比例为 20%，而该新闻价值在美联社图片库中的出现比例高达 59%。这一发现与之前的研究不同。之前的研究普遍认为，美国媒体中的新闻图片倾向于呈现其他国家的负面形象。① 为进一步了解正面性的具体建构方式，笔者提取了所有体现了正面性的照片—图注复合体，并对其进行二次分析，以明确照片或图注中涉及的是正面的情感、行为还是事物。

表 8-4 显示，新华网和美联社都关注正面行为大于正面情感或事物。其不同在于，美联社图片库更关注军队、警察和消防员的救援行动，而新华网更关注普通人在洪灾时的自救行为。

表 8-4 国际洪灾图片库中的正面性

正面性类型	新华网	美联社
1. 正面情感	3（2%）	3（1%）
2. 正面行为	35（18%）	330（57%）
2.1 自救行为	27（14%）	102（17%）
2.2 军队、警察、消防员等的救援行动	8（4%）	228（40%）
3. 防洪设施	2（1%）	7（1%）
总计	40（21%）	340（59%）

对美联社图片库中的正面行为进一步分析发现，这些正面行为集中在美联社对几个国家的报道中，而不是均衡地分布在整个语料中。在美联社所报道的 21 个国家中（参见表 8-3），对正面行为的图片和文字呈现主要出现在有关菲律宾、洪都拉斯、日本、墨西哥、法国和印度尼西亚这几个国家的图片库中。其中，法国、日本和墨西哥的图片库中，对正面行为的呈现既出现

① LANGTON L M. Photo Coverage of the Third World in Four Prestige Us Newspapers ［J］. Newspaper Research Journal, 1991, 12 (4): 98-107; KIM H S, SMITH C Z. Sixty Years of Showing the World to America: Pulitzer Prize-Winning Photographs, 1942-2002 ［J］. Gazette: The International Journal for Communication Studies, 2005, 67 (4): 307-323; GREENWOOD K, ZOE SMITH C. How the World Looks to Us: International News in Award-Winning Photographs from the Pictures of the Year, 1943-2003 ［J］. Journalism Practice, 2007, 1 (1): 82-101.

在照片中，也出现在图注中，主要包括居民清理被洪水破坏的房屋，救援人员寻找因洪水而失踪的人员，超市工作人员赶在洪水来临之前加班加点对不易变质的食物进行分类、打包，以便洪水围困期间分发给居民。而菲律宾、洪都拉斯和印度尼西亚的图片库中，通常只有图注文字提及政府的救援行为，照片中没有与之对应的视觉呈现。在所有体现了正面性的照片—图注复合体中，重复是一个很明显的特点。根据坎普尔和诺克斯的观点①，当两个或两个以上镜头是关于同一事件或人物/事物，即构成图片重复。而当几个句子反复出现在不同图注中，也会构成文字的重复。例如，在美联社有关菲律宾洪灾的图片库，图注中有这样一个句子：

（7）… A typhoon swelled rivers and flooded low-lying areas… northeast Philippines, where *rescuers were deployed early Thursday to help people flee the rising waters.*（美联社）

根据分析标准，这一句话体现了正面性，因为它提到，救援人员帮助人们逃离不断上升的洪水（正面行为）。这一个句子在 69 个图注中反复出现，而这 69 个图注所对应的照片中并没有呈现对应的救援行为，相反，照片中呈现的是倒塌的房屋、被洪水围困的人群或被淹没的村庄等。再者，即使是以视觉方式呈现了正面行为的照片，也存在大量重复，因为这些照片可能只是对同一组救援人员从不同角度、使用不同镜头的拍摄。一个明显的例子就是美联社对日本洪灾期间救援行动的视觉呈现。同一次救援行动，甚至是同样的救援人员，反复出现在不同的照片中。因此可以说，尽管表面上看，美联社国际洪灾的图片库中半数以上的照片—图注复合体都体现了正面性，但因为其中重复的太多，导致正面性这一新闻价值的重要性并不像数据显示得那么高。

---

① CAPLE H, KNOX J. A Framework for the Multimodal Analysis of Online News Galleries: What Makes a "Good" Picture Gallery? [J]. Social Semiotics, 2015, 25 (3): 292-321.

二、本国洪灾的新闻价值

新华网和美联社有关本国洪灾图片库中所构建的新闻价值分析结果详见图 8-3。

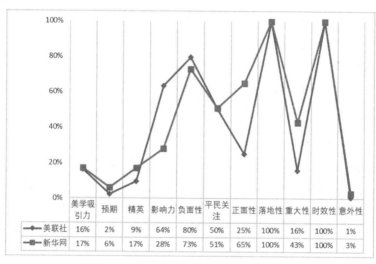

	美学吸引力	预期	精英	影响力	负面性	平民关注	正面性	落地性	重大性	时效性	意外性
美联社	16%	2%	9%	64%	80%	50%	25%	100%	16%	100%	1%
新华网	17%	6%	17%	28%	73%	51%	65%	100%	43%	100%	3%

图 8-3　本国洪灾的新闻价值

图 8-3 显示，新华网和美联社都及时呈现了有关本国洪灾的报道（时效性），且与读者十分接近（落地性）。二者都关注平民多于精英，且在照片的美学吸引力、对意外事件的呈现（意外性）和事件或人物的典型性（预期）方面相差不大。主要不同在于重大性、影响力和正面性。美联社图片库将美国洪灾呈现为造成一定的影响（影响力 64%），但整体并不严重（重大性 16%）的事件。相比之下，新华网图片库中重大性出现频率更高（43%），但影响力出现频率却更低（28%）。就正面性而言，这一新闻价值在新华网图片库中出现的频率高达 65%，在美联社图片库中的出现频率则只有 25%。下面将首先讨论在新华网和美联社图片库中出现频率类似的新闻价值，即负面性、预期、精英和平民关注，然后再讨论出现频率不同的新闻价值，即重大性、影响力和正面性。

（一）负面性、预期和精英

新华网和美联社图片库中，负面性是除时效性和落地性之外出现频率最高的新闻价值。没有照片或图注文字提及负面情感。负面性主要通过照片中对洪水的视觉呈现来实现，且图注中也经常出现与洪水相关的文字描述。新华网和美联社的主要区别在于，美联社图片库中，负面性倾向于和影响力共同出现，以呈现洪水带来的负面影响，而这种共现在新华网图片库中并不常见。

预期和精英在新华网中的出现频率高于美联社。新华网图片库中，预期主要通过人民解放军和武警官兵抗洪救灾的照片得以呈现。此外，图注中也有类似 encountered flood again（洪灾再次发生）、the fourth flood of the year（今年的第四次洪峰）这样的描述，主要用来表示中国南方地区洪灾的频繁和易发。同样，美联社图片库中也有对美国消防员和警察救援受灾群众的视觉呈现。

正如贝德纳雷克和坎普尔①所指出的，有时同一个视觉呈现可以同时建构多个新闻价值。新华网图片库中对人民解放军和武警官兵救援行动的呈现，以及美联社图片库中对消防员和警察救援行为的呈现，除了构建预期这一个新闻价值之外，还同时构建了精英这一价值（以及正面性，见下文讨论）。在新华网和美联社图片库中，还有对政府官员的视觉呈现，以及图注中对政府部门的文字描述，这些可以解释为什么精英的出现频率高于预期。例如，新华网图片库中有 6 张习近平主席在安徽慰问受灾群众的照片。在这些照片中，精英是最突出的新闻价值之一。

（二）平民关注

尽管分析数据显示，平民关注这一新闻价值在新华网和美联社图片库中的出现频率十分相似（分别是51%和50%），但二者在照片所呈现人物的身份和图注文字所提供的信息量上有较大差别。首先，美联社几乎所有体现了平民关注的照片呈现的都是受灾群众，即那些自身生活受到了洪灾影响的普通人。相比之下，受灾群众在新华网体现了平民关注的照片中出现的比例大概只有五分之一，更多的照片呈现的是对抗洪救灾做出了贡献的普通人，如志愿者、基层抗洪救灾工作人员，以及自愿巡逻堤坝、保卫村庄的普通村民。

---

① BEDNAREK M, CAPLE H. The Discourse of News Values: How News Organizations Create Newsworthiness [M]. New York: Oxford University Press, 2017: 130-131.

这就导致新华网图片库中平民关注与正面性经常同时出现，因为照片中呈现的人物同时也在积极地参与抗洪救灾行动。与此相反，美联社图片库中平民关注倾向于和负面性共同出现，因为照片中的人经常是在没膝的洪水中艰难行走，或检查自己受损的房屋或汽车。再者，只有一个或两个人的照片在美联社图片库中的出现频率高于新华网，后者更倾向于使用有很多人的照片。

其次，新华网和美联社图注文字对照片中人物的介绍方式也不同。根据贝德纳雷克①的观点，概括性指称只能构成一种"非常弱"（very weak）的平民关注。相比之下，提供了诸如姓名之类个人信息的文字则能够构成一种"强"（strong）平民关注。在美联社图片库中，约一半的照片图注中提供了照片中人的姓名、职业、相互关系（如果是两个或两个以上的人同时出现）等信息。相比之下，新华网图片库中提供人物个人信息的图注还不到所有图注的四分之一。绝大多数时候，照片中的人物只是被简单笼统地称为 volunteers（志愿者）、villagers（村民），甚至 people（人们）。

例如，新华网和美联社图片库中都有多个有关儿童的照片，一些照片的视觉内容十分类似，如图 8-4 所示。

（1）美联社　　　　　　　　　　（2）新华网

图 8-4　美联社和新华网有关儿童的照片

图 8-4 的两张照片中，儿童都在玩耍。但这两张照片所对应的图注文字对其进行介绍的方式是不同的。例 8 是图 8-4（1）美联社照片的图注，例 9 是图 8-4（2）新华网照片的图注。

---

① BEDNAREK M. Voices and Values in the News：News Media Talk，News Values and Attribution［J］. Discourse，Context & Media，2016，11：27-37.

（8）*Siblings*, from left, *Lily Wall*, 10, *Alena*, 7, and *John*, 3, create make-believe "soup" in their front yard on a dreary Thursday afternoon, Sept. 17, 2020, in Raleigh, N. C...（美联社）

（9）A volunteer plays game with *children* at a temporary shelter in a school at Feixi County, east China's Anhui Province, July 29, 2020...（新华网）

正如这两个例子所显示的，儿童在美联社照片中出现的时候，图注中一般都会有其姓名、年龄等信息，但在新华网中出现的时候，就只是简单地被称为 children（孩子）。类似的情况也发生在照片所呈现的是成年人的时候。因此可以说，美联社约一半的平民关注属于"强"平民关注，而新华网四分之三以上的平民关注属于"弱"平民关注。

（三）重大性

重大性在美联社图片库中出现的频率只有 16%，表明大多数情况下，美联社图片库呈现的美国国内洪灾并不严重。重大性被呈现时，主要是通过使用广角镜头或无人机拍摄大量洪水来实现，即展示洪水本身是呈现重大性的主要途径。

同样的倾向也存在于新华网图片库中。新华网图片库中重大性的出现频率较高，为 43%，但也主要是通过呈现洪水本身来实现的，而不是洪水所导致的影响或破坏。实际上，大约半数以上体现了重大性的照片并没有涉及洪水的影响。也就是说，这些照片通常拍摄的是大量洪水沿着堤坝或河流奔涌而下的场景，并没有显示其造成的任何破坏。除了像美联社一样使用广角镜头或无人机拍摄外，新华网也使用变焦镜头对洪水进行特写，展示洪水浪花奔腾的样子（同时也体现了美学吸引力）。因此可以得出结论，新华网和美联社图片库在重大性上的差异主要是数量上的差异，其建构方式是类似的。

（四）影响力

尽管新华网和美联社都将本国洪灾呈现为负面事件，它们在呈现洪灾的影响力方面却具有较大差异。影响力在美联社图片库中的出现频率高达 64%，而在新华网图片库中的出现频率只有 26%。再者，美联社通过照片中被淹没的汽车、道路、草坪，被破坏的房屋、轮船等来体现洪水的影响力，这些视觉呈现的内容在照片的图注中也有提及。类似的照片，如被淹没的农田、道路和桥梁，在新华网图片库中也有出现，但其在整个图片库中的占比极低。同时，新华网还有仅图注文字构建了影响力、照片中并没有与之相应的视觉内容的情况。例如，有一个图注内容如下：

（10）Villagers have a meal at a temporary shelter for evacuated residents in Qiashe Township… *Heavy rainfall hit the Huizhou District of Huangshan City, leaving several villages inundated in varying degrees.* The local authorities rapidly organized flood response efforts to evacuate affected residents, rehabilitate destroyed roads and dredge silt-clogged ditches.

可以看出，这个图注中的第二句话描述了洪水的（负面）影响，但与这个图注对应的照片显示的内容只与图注中第一句话内容一致，即几个村民在临时安置点吃饭。而图注中的第三句话又马上构建了精英（local authorities）和正面性（to evacuate effected residents, rehabilitate destroyed roads and dredge silt-clogged ditches）这两个新闻价值，让夹在中间的影响力更加难以引起注意。

（五）正面性

分析结果显示，正面性在新华网图片库中出现的频率（65%）远高于其在美联社图片库中出现的频率（25%）。二者正面性的具体构成，即对正面情感、行为和事物的呈现，如表8-5所示。

表8-5 本国洪灾图片库中的正面性

正面性类型	新华网	美联社
1. 正面情感	12（2%）	4（2%）
2. 正面行为	225（47%）	44（19%）
2.1 自救行为	52（11%）	21（9%）

续表

正面性类型	新华网	美联社
2.2 部队、警察、工人、志愿者等的救援活动	173（36%）	23（10%）
3. 抗洪设施	81（16%）	9（4%）
总计	318（65%）	57（25%）

表8-5显示，美联社图片库中，只有正面行为（在整个语料库中占比19%）较为突出，且其中受灾群众的自救行为（9%）和消防员等的救援活动（10%）出现频率相似。相比之下，新华网图片库中对部队、警察、志愿者等救援活动的呈现（36%）高于普通人的自救行为（11%）。再者，新华网中对抗洪设施的呈现（16%）是美联社的4倍（4%）。

进一步分析表明，美联社对正面行为和抗洪设施的呈现分散在整个语料库，而新华网更倾向于将强调正面性的照片集中在一起，并在图片库的标题中点明照片所强调的正面行为。其中一些典型的图片库标题如表8-6所示。

表8-6　新华网凸显正面性的图片库标题（部分）

图片库标题	照片数量（张）
Rescuers rush to repair roads destroyed by flood in Zhouqu, NW China's Gansu	12
Rescuers help local residents clear debris after flood in Chongqing	9
Armed police troops join flood control operations in Jiangxi	9
Armed police officers and soldiers in Jiangxi fight against flood	6
Veteran soldier volunteers join frontline flood control battle in Poyang County, Jiangxi	15
Former soldier fights at the frontline of flood control	8
Woman volunteers take part in fight against flood in Jiangxi	15
Tech team supports local flood control efforts in Jiangxi	6

续表

图片库标题	照片数量（张）
Workers clean up mud-covered roads after flood recedes in Jishou City, China	5
Volunteers offer help to villagers affected by flood at temporary shelter	4
Volunteers join fight against flood along Tongma dike in Anhui	4

　　这些标题所在图片库的照片通常展示官兵扛沙袋、修堤坝、巡逻、转移群众等正面行为。武警官兵之外，普通人，如村民、志愿者、基层工作人员也经常出现在画面中，进行各种抢险救灾活动。根据科特①的观点，普通人在新闻照片中出现，通常会身负教化责任，即体现"新闻文本中理想主人公的道德价值"。

　　除了呈现抗洪救灾的正面行为外，新华网图片库还倾向于展示中国的防洪抗洪设施，如大坝、水库、防洪堤等。其中出现频率最高的是三峡水库，出现在近 50 张照片中。这些照片通常使用无人机拍摄、广角镜头、慢速摄影、聚焦等拍摄技术，有时也会使用适当的灯光效果。这样拍摄出来的照片通常同时体现了正面性（水库可以储存洪水使其不造成危害）、重大性（水库的雄伟或洪水的规模）、美学吸引力（照片看起来很美）这些新闻价值，如图8-5 所示。

（1）　　　　　　　　　　　　　　（2）

图 8-5　新华网有关三峡大坝的照片

---

① COTTER C. News talk：Investigating Language Journalism ［M］. Cambridge：Cambridge University Press，2010：54.

结语

从上面的分析可以看出，新华网和美联社图片库都倾向于将他国洪灾呈现为负面的、带来灾难性后果的事件，并关注当地普通人。二者的主要区别在于落地性和正面性，其中前者在新华网图片库中出现更多，而后者在美联社图片库中出现更多。

在某种程度上，本章对美联社图片库呈现他国洪灾方式的研究结果与之前的研究结果一致，即美国媒体倾向于将非西方的发展中国家呈现为自然灾害频发的地区①。本章研究发现与之前研究的不同之处在于正面性这一新闻价值：美联社图片库也同时呈现了当地政府、警察的救援活动。但在研究过程中，作者也注意到和正面性有关的两个特点：片面集中（报道的 21 个国家中，正面性集中在 5 个国家），以及照片和图注文字的高重复性。如果将这两个因素考虑进去，正面性这一新闻价值的凸显程度将会有所降低。因此，究竟美联社图片库是否真的是从正面的角度去呈现他国的形象，可能还需要进一步的研究才能确定。

有意思的是，新华网图片库呈现他国洪灾的方式几乎与美联社图片库一样。尽管语料中近 70% 的国家都与中国在地域或文化上接近，但这些国家的洪灾仍被呈现为负面的、灾难性的、严重的，且极大地影响了普通民众的生活。与美联社相比，新华网更加依赖精英人物或机构作为信息来源。再者，新华网图片库对正面性的呈现远低于美联社。其他国家洪灾期间的救援活动，尤其是政府部门组织的救援活动，似乎并不是新华网关注的重点，这与新华网对中国境内洪灾的呈现形成了鲜明对比。

与他国洪灾相比，新华网和美联社图片库都倾向于将本国洪灾呈现为负面性较小、影响较小的事件，对普通民众和精英人士/机构的呈现频率也更低。这种趋势在新华网图片库中更加明显。新华网有关本国洪灾图片库中负

---

① SOLMAN P, HENDERSON L. Flood Disasters in the United Kingdom and India: A Critical Discourse Analysis of Media Reporting [J]. Journalism, 2019, 20 (12): 1648-1664.

面性和影响力这两个新闻价值的出现频率（分别为73%和28%）远低于它们在有关他国洪灾图片库中出现的频率（分别为99%和93%）。

在报道本国洪灾时，新华网和美联社在正面性这一新闻价值上的差异也十分引人注意。美联社图片库中，25%的照片—图注复合体体现了正面性这一新闻价值，但新华网图片库中这一比例高达65%。尤其值得注意的是，新华网明显倾向于凸显人民解放军、武警官兵和志愿者的救援活动，也有大量与防洪堤坝相关的照片。之前有研究①认为，正面性是中国媒体报道的一个显著特点。本章研究结果显示，正面性也许只是中国媒体对本国新闻报道的显著特点，因为在报道他国洪灾时，正面性并不是一个显著特点。

同时，值得注意的是，美联社图片库对正面性的呈现正好与新华网相反。正面性在有关他国洪灾图片库中的出现频率（59%）高于在有关本国洪灾图片库中的出现频率（25%）。造成这一现象的部分原因可能是美国本国洪灾通常并不像他国洪灾那么严重（这一点体现在重大性这一新闻价值的差异上，本国洪灾图片库中重大性出现频率是16%，而他国洪灾图片库中重大性的出现频率是42%）。因此，呈现专业救援人员救援活动的照片数量就比较少，而当普通人出现在镜头前时，他们或在行走，或在玩耍、观看洪水，而不是奋力抢救/保护自己的财产。

本章研究的主要目的是理解新华网和美联社在线图片库对他国和本国洪灾的新闻价值构建。分析结果显示，二者在呈现他国洪灾时，都倾向于强调负面性、影响力、重大性和平民关注这些新闻价值。相比之下，二者在呈现本国洪灾时分别采取了不同的策略。美联社图片库倾向于将美国洪灾呈现为负面但影响有限，且普遍不严重的事件。新华网图片库则倾向于将中国洪灾呈现为负面、带来较大洪水但产生较小影响的事件，且明显强调正面性这一新闻价值。本章的研究结果在某种程度上与以往研究结果吻合，但也揭露出一些需进一步研究的问题，如正面性这一新闻价值在灾难性事件报道中的使用和作用，以及有关同一事件的照片和图注文字在新闻价值构建中的不同分工等。这些问题需要在今后的研究中进行解答。

---

① HUAN C P. Leaders or Readers, Whom to Please? News Values in the Transition of the Chinese Press [J]. Discourse, Context & Media, 2016, 13: 114−121.

第九章

研究总结与展望

第三至八章具体分析之后，本章将对本书的所有内容进行总结，概括主要研究发现，对绪论部分提出的研究问题予以回答，并展望今后的研究工作和方向。

第一节　主要研究发现汇总

与绪论部分表 1-1 相对应，表 9-1 对本书第三至八章的主要发现进行了汇总。如表所示，本书的主要内容既有针对不同类型突发事件的研究，如灾难性突发事件、治安/政治性突发事件、公共卫生性突发事件的研究，也有对各类突发事件的综合研究。所涉及的语料既有单一模态（如语言或图片）构成的文本类型，也有多种模态（语言、图片和声音）共同构建的文本类型。

表 9-1　本书主要发现

突发事件类型		模态类型		
		语言	图片	语言+图片+声音
态度传递	灾难性突发事件		将本国洪灾呈现为负面但产生影响较小的事件，且明显强调积极方面（第八章洪灾图片新闻）	

续表

突发事件类型		模态类型		
		语言	图片	语言+图片+声音
态度传递	治安/政治性突发事件	他方：消极判断 我方：消极/积极情感（第四章反恐话语）		情感、判断、鉴赏均衡分布，但各部分有侧重（第五章反恐纪录片）
	公共卫生性突发事件			对病毒的消极鉴赏；对医生护士的积极判断；对未来的积极情感（第六章抗疫纪录片）
	各类突发事件	英雄：积极判断 受害者：消极情感（第三章英雄与受害者）		
受众反应	情感性表达随时间而逐渐下降，消极情感比例上升；针对"中国人民"和"中国"的评论，积极情感稍高于消极情感；针对"中国政府"的评论，积极情感与消极情感基本持平；针对"纪录片"和"医生"的评论，积极情感远高于消极情感（第七章 YouTube 评论）			

　　本书的第三章关注对各类突发事件报道中针对英雄和受害者两种群体的态度。该章选取了近 20 年来中国官方英文媒体，尤其是 *China Daily* 中，关于中国大陆灾难性事件中有关英雄与受害者的报道，建立语料库，根据马丁评价系统态度下的三个子系统（情感、判断和鉴赏），使用分析软件 UAM Corpus Tool，分析报道中所使用的态度资源。分析结果显示，与英雄相关的态度资源中，对英雄的判断（54%）高于英雄直接表露的情感（12%），且积极态度（94%）远高于消极态度（6%）。报道使用态度资源的目的通常是赞扬英雄的品质和行为，塑造善良勇敢、乐于助人、有能力的英雄形象。与受害者相关的态度资源中，与受害者直接相关的态度（35%）出现频率较低。其中

受害者本人的情感（23%）多于对受害者的判断（12%），且不管是情感还是判断，消极的态度（65%）都高于积极态度（35%）。报道倾向于描述受害者处于危境时的害怕和担忧，以及获救之后的感激。对受害者进行判断时，则倾向于强调受害者的不幸处境及其无能为力的状况。

第四章分析中国英文媒体反恐话语如何使用语言中的评价资源，从意识形态角度将"他方"（Them）与"我方"（Us）做出区分并呈现。主要语料来自两个官方媒体，《人民日报》和《中国日报》英文版刊载的247篇新闻报道。研究框架整合了批评性话语分析中的意识形态方阵概念和评价体系中的态度系统。分析结果表明，新闻报道中体现的态度类型与评价对象之间存在相关性。与所属"他方"成员（如恐怖分子和西方媒体/政府）相关的报道中，对社会主体行为的判断占绝大多数，且主要针对行为的不恰当。与"我方"人员（如中国人民和中国政府，以及支持中国的国家）相关的报道中，占主导地位的是情感。再者，与西方媒体常见报道内容相反，中国英文媒体报道中，西方媒体和国家被看作新疆恐怖分子的同谋，对其采用了与恐怖分子一致的评价方式，即主要评价其行为是否恰当。

第五章以中国国际电视台2020年6月19日发布的新疆反恐系列纪录片第三部《巍巍天山——中国新疆反恐记忆》为研究对象，根据多模态评价理论框架，聚焦态度系统，采用定性与定量分析相结合的方法，分析三种态度资源（情感、判断和鉴赏）在纪录片四个部分（"青山处处""幸存者说""反恐之战""向阳而生"）的体现，以及不同态度分布背后的原因。分析发现，以整个纪录片为单位，《巍巍天山》中三种态度类型基本呈均衡分布的状态，其中鉴赏稍多（130），情感次之（119），判断最少（110），但彼此相差不大。以纪录片的每一部分为单位，第一部分以对恐怖分子和反恐特警及其行为的判断为主，鉴赏和情感出现频率较低。其中对恐怖分子及其行为的判断大都是消极的，而对反恐特警及其行为的判断大都是积极的。第二部分中，人物所表达的情感占主导地位，既有积极情感，也有消极情感，对人物及其行为的判断和对事物的鉴赏出现较少。第三部分出现频率最高的态度是对事物的鉴赏，其次是判断，人物直接表达的情感出现较少，但不管是哪种态度，消极态度都多于积极态度。第四部分占主导地位的态度是对事物的鉴赏和片中人物直接表达的情感，对人物及其行为的判断使用最少。且这一部分态度的一大特点是不管是鉴赏、情感还是判断，积极态度都高于消极态度，与第三部分形成了鲜明对比。每一部分态度类型的分布特征都与该部分的主题紧密相关。

第六章主要关注 2020 年 2 月中国国际电视台拍摄的纪录片 *The Lockdown: One Month in Wuhan*（《武汉战疫纪》），旨在分析该纪录片如何对新冠疫情期间武汉封城进行合法化，以及其中态度的重要作用。作者综合尼科尔斯①提出的纪录片再现模式与批评性话语分析和社会符号学中的合法化概念，以及马丁等人的评价体系，提出了纪录片的合法化框架。该框架随后被用于《武汉战疫纪》的分析，主要关注纪录片如何综合使用不同的再现模式、合法化策略和态度，实现对新冠疫情初期武汉封城的合法化，并指出，态度的使用有助于唤起观众适当的情感反应。

第七章与第六章内容相互呼应，第七章将焦点放在观众身上，关注国际观众对《武汉战疫纪》这一纪录片的反应和接受度，分析 YouTube 用户评论中所体现的态度。分析主要采用定量的方式，通过自建语料库，使用语言探索与字词计数软件（LIWC）和 LancsBox 为主要工具进行语料分析。分析包括历时和共时两个角度。历时方面，该章按照时间顺序，将 YouTube 上的评论分为初始阶段、中间阶段和最新阶段，收集不同阶段的评论共 4259 条（共计108 654 字），分别比较不同阶段评论中情感的整体体现，以及积极和消极情感所占比例及体现方式。分析发现，初始阶段，积极情感所占比例远高于消极情感。中间阶段的评论中，积极情感比例大幅下降，接近消极情感所占比例。而最新阶段的评论中，消极情感比例超过积极情感。也就是说，在三个不同阶段的评论中，消极情感逐渐上升，积极情感逐渐下降，且语料中的情感性表达呈整体下降的趋势。共时方面，该章关注针对 China（中国）、Chinese government（中国政府）、Chinese people（中国人民）、documentary（纪录片）和 doctors（医生）这几个关键词的评论及其中所体现出的情感。分析

---

① NICHOLS B. Representing Reality: Issues and Concepts in Documentary [M]. Bloomington: Indiana University Press, 1991; NICHOLS B. Introduction to Documentary [M]. Bloomington: Indiana University Press, 2017.

发现，针对"中国人民"和"中国"的评论中，积极情感稍高于消极情感；针对"中国政府"的评论中，积极情感与消极情感基本持平；针对"纪录片"和"医生"的评论中，积极情感远高于消极情感。

第八章对比研究新华网英文版和美联社在线图片库如何呈现洪灾这一日益普遍的自然灾害。根据洪灾所发生地点，将其分为他国洪灾和本国洪灾。研究语料包括来自新华网和美联社网站的 1500 个照片—图注复合体。所采用的理论框架是话语新闻价值分析（Discursive News Values Analysis，DNVA）。语料分析使用了 UAM 图片分析软件。分析结果显示，在展示其他国家洪灾时，新华网和美联社图片库存在明显的共性，即都倾向于突出洪灾的负面性、影响力、重大性和平民关注。二者的区别主要体现在落地性和正面性。相比之下，新华网和美联社图片库在展示本国洪灾时差异较大。美联社图片库倾向于将美国的洪灾呈现为负面、带来一定影响的事件，但一般都不严重。而新华网图片库则将中国的洪灾呈现为负面、带来大量洪水但产生影响较小的事件，且明显强调正面性这一新闻价值。

第二节　对研究问题的回答

在研究发现的基础上，本小节将对书中绪论部分提出的研究问题进行逐一回答。为方便阅读，采用研究问题在前、回答在后的形式。

（1）有关中国成功应对突发事件的国际话语中，通过单一模态表达出的情感与多种模态相互作用、共同构建的情感有何不同？

本书第三、四、八章是针对单一模态文本进行的研究，其中第三、四章关注纯文字文本，第八章主要关注新闻图片。第五、六章研究的是同时包括文字、图像和声音在内的多模态文本（纪录片）。由上一小节的总结可以看出，单一模态的文本在情感表达上也倾向于突出个别情感类型，而多模态的文本在情感表达上更为均衡，态度系统中的情感、判断和鉴赏都有出现且比例相当（参见表 9-1）。

（2）针对不同类型的突发性事件，中国官方英文媒体中所体现的情感主要类型有何变化？

本书涉及的突发事件类型主要包括灾难性突发事件（洪灾，第八章）、治安/政治性突发事件（新疆恐怖主义，第四、五章）和公共卫生性突发事件（新冠疫情，第六章）。从这几章的分析结果可以看出，灾难性突发事件中，中国官方英文媒体倾向于强调人民解放军、志愿者等的救援活动，强调众志成城、恢复生产生活的积极形象。治安/政治性突发事件中，除了对政府、人民和友好国家的积极判断之外，同时也加强了对敌对政治势力及隐藏在其背后的部分西方政府及其媒体的消极判断。公共卫生性突发事件中，对病毒、疾病的鉴赏和对医护人员的判断较为突出，且注重通过个体表达积极的态度和对未来的信心。

（3）中国成功应对突发事件的国际话语中的情感性表达，如何直接或间接反映中国政府和人民的立场？

对洪灾、新冠疫情等灾难性和公共卫生性突发事件国际话语的研究发现，这类事件的国际话语通常直接或间接表明中国政府的应对能力和全国人民团结一致的态度。而针对新疆恐怖主义这类治安性/政治性事件，在批判敌对势力的同时注重通过受害者个体情感引发观众共情，并通过对不同国家官员/媒体的判断或鉴赏间接表明对其行为的谴责或赞赏，与我国的外交政策保持一致。

（4）目标受众对中国国际话语中的情感做出了何种反应？情感的多模态表达研究如何指导今后中国国际话语的书写和中国故事的国际讲述？

有关这一问题的研究主要在第七章。该章内容显示，历时方面，受众对中国应对重大突发事件国际话语的反应受到话语本身的影响，也受到不断发展变化的国际和事件形势影响。在事件发生初期（基本上是最初的一个月内），话语对受众的影响最大，随后影响逐渐减弱，但受众的反应已基本定型。具体内容方面，与政府相关的内容更容易受到质疑，会影响受众的积极情感；与政府关联性不强的内容，受众更容易接受话语中已设定好的情感，积极情感占主导地位。

针对这些特点，本书认为，今后中国国际话语的情感书写应在以下几方面有所加强。（1）加大图片、音视频等多模态文本的制作。因为研究结果表明，与单一模态相比，多模态文本所传递的情感类型更为均衡，效果更加持久。（2）适当增加个体情感的表达。这里的个体不是指媒体中常用的代表性或"工具人"个体，而是真正有血有肉、有个人独特经历的个体。真实的个体情感不仅更能打动人，而且能够从侧面增强话语的可信度，反过来促进信息的接受。（3）积极和消极情感的比例尽量适当。第八章对新华网有关"他国""我国"洪灾图片新闻的分析发现，新华网对我国的洪灾呈现，正面性占比达到65%，远远高于该网站上对其他国家洪灾呈现中的正面性（20%）。相较之下，美联社对美国本国洪灾正面性的呈现占比也只有25%。一方面，不可否认，积极情感的呈现有助于树立积极向上的形象，引导积极的舆论，鼓舞人心。另一方面，灾难性事件的本质就是消极的，适当的消极情感会使该事件和事件中涉及的人物显得更加真实。而且，一般来说，随着灾难性事件的发生发展，报道中逐渐出现从消极到积极情感的过渡，也是一种相对自然的呈现方式。（4）可以借助非官方机构或渠道进行国际话语书写和传播。研究过程中，笔者发现，话语生产者的身份最容易被敌对势力利用，进而对话语内容进行攻击，误导读者/观众。例如，中国国际电视台（CGTN）制作出的很多质量上乘的音视频作品，本来接受效果良好，但总有不怀好意的评论者将该电视台与中国政府相联系，指出 CGTN 接受中国政府的资助，因此其内容不客观，而不明所以的观众就会受其影响。根据乔伊①的研究以及笔者的观察，受关注程度最高、最容易在观众心中产生影响的报道内容，很多时候来自近距离接触突发事件的"熟人"，即与观众具有相同文化背景的人，属于"我们"中一员的人。如新冠疫情期间身处中国武汉或北京的西方人所拍摄的视频，在 YouTube 上动辄有几十万的播放量。这些视频中有很多对中国政府和中国人民做出了很客观的评价，以积极情感为主，观众对此也并没有那么强的抗拒心理。

---

① JOYE S. News Discourses on Distant Suffering：A Critical Discourse Analysis of the 2003 SARS Outbreak［J］. Discourse & Society，2010，21（5）：586-601.

第三节　今后研究工作展望

正像尼日利亚女作家奇麻曼达·恩格兹·阿迪切（Chimamanda Ngozi Adichie）在名为《单一故事的危害》（The Danger of a Single Story）的演讲中所提到的那样，如果这个世界关于某一个国家或文化的故事只有一个版本，生活在西方国家的读者每天都被自己所在社会的媒体、教材、文艺作品告之，非西方（发展中）国家是多么的贫穷、落后，在没有机会亲身体会的情况下，他们一直都会对此坚信不疑。那么，如何才能消除单一故事的危害？来自不同地区、不同文化的人们，应该发出自己的声音，通过自己的讲述消解英语世界有关本文化的单一故事模型。这一道理不仅适用于文学创作，也同样适用于政治和媒体话语传播，以及对这些话语所进行的科学研究。在总结本书内容的基础上，这一小节将对今后的研究进行展望，提出未来需要进一步努力的方向。

首先，对中国官方英文媒体文本中情感的分析应向纵深发展，关注不同情感类型的分布特征。在自然语言处理技术快速发展的背景下，对海量语料进行自动化分析已经十分方便，其中就涉及对情感的分析。例如，本书第七章中所使用的 LIWC 分析软件可以在几秒钟内对大量语料的情感性进行分析，并自动提取积极和消极情感词汇。但这种分析的缺陷也比较明显，即很难考虑语境，且不能识别情感主体，无法进行更详细的情感分类。在媒体文本中，谁的情感，针对谁/什么的情感，与报道者的立场紧密相关，在研究中不能忽视。如何将详细的情感类别与语料的快速处理相结合，将仍是一个值得关注的研究话题。

其次，情感的多模态传递研究仍处于初始阶段，在理论模型、语境、研究对象和方法等方面仍存在局限性，多模态文本的量化分析仍是一个挑战。① 根据本书涉及的内容，笔者认为，将社会符号学多模态理论与相关学科已有

---

① 王振华，瞿桃. 多模态语篇的评价研究：过去、现在与未来［J］. 外国语（上海外国语大学学报），2020，43（6）：42-51.

理论相结合应该是解决第一个问题的方法之一。就像本书第六章中所做的那样，将多模态研究与传媒领域已有的纪录片研究、话语分析领域的意识形态方阵相结合，可以加深对多模态情感作用的理解。另外，目前对多模态文本的分析仍以手工分析为主，这在某种程度上阻碍了学科发展。多模态文本的量化处理需要借助语音识别技术和计算机图像识别技术的发展，这也是很多学者目前努力的方向。

最后，随着中国英文媒体新传播形式的出现，对这些新形式及其传播效果进行研究就显得尤为必要。2016 年正式投入运营以来，CGTN（中国国际电视台）已制作出大量质量上乘、影响较大的音视频文本。其中的新冠疫情和打击新疆恐怖主义系列纪录片更是在国际社交媒体中掀起了一次次讨论热潮。对这些作品进行研究，有助于在学术界扩大其影响。另外，这些作品在社交媒体上广泛传播，产生了大量用户评论，这些语料为更加深入分析多模态作品情感传递的效果，以及国际观众/读者的心理期待，提供了很好的研究对象，可以反过来促进我国官方英文媒体的议程策划和设置。

参考文献

一、中文文献

(一) 专著

[1] 梁岩, 谢飞. 中国英文媒体概观 [M]. 北京: 知识产权出版社, 2010.

[2] 刘立华, . 评价理论研究 [M]. 北京: 外语教学与研究出版社, 2010.

[3] 彭宣维, 刘玉洁, 张冉冉, 等. 汉英评价意义分析手册: 评价语料库的语料处理原则与研制方案 [M]. 北京: 北京大学出版社, 2015.

[4] 宋成方. 评价理论视角下的情感意义研究 [M]. 北京: 对外经济贸易大学出版社, 2015.

[5] 孙铭悦. 评价的语篇功能研究 [M]. 济南: 山东大学出版社, 2019.

(二) 期刊

[1] 白淑英, 王丽敏. 网络新媒体报道中的情感动员: 以四川木里火灾报道为例 [J]. 哈尔滨工业大学学报 (社会科学版), 2020, 22 (2).

[2] 布占廷, 孙雪凡. 基于 CiteSpace 的国内评价理论研究现状分析 (2001—2020) [J]. 天津外国语大学学报, 2021, 28 (2).

[3] 崔晓玲. 危机新闻评论的情感研究: 聚焦 "7·23 温州动车事故" [J]. 西安外国语大学学报, 2017, 25 (1).

[4] 房思金. 英文媒体对我国传统文化对外传播的作用 [J]. 新闻战线, 2016 (16).

[5] 冯德正, 亓玉杰. 态度意义的多模态建构：基于认知评价理论的分析模式 [J]. 现代外语, 2014, 37 (5).

[6] 辜晓进. 试谈中国英文媒体之现状：兼评《中国英文媒体概观》[J]. 新闻战线, 2010 (10).

[7] 郭之恩. 议程设置的多元复杂组合：西方主要媒体关于中国新冠疫情防控报道的"实"与"不实"[J]. 新闻战线, 2020 (13).

[8] 胡美馨, 黄银菊.《中国日报》和《纽约时报》态度资源运用对比研究：以美军在利比亚军事行动报道为例 [J]. 外语研究, 2014 (4).

[9] 郇昌鹏. 新闻价值研究的话语分析视角 [J]. 当代外语研究, 2016 (5).

[10] 黄芳. 评价理论视角下死亡主题演讲中英文网络评论的态度比较研究 [J]. 解放军外国语学院学报, 2019, 42 (1).

[11] 江潇潇. 斯里兰卡"一带一路"相关报道态度资源研究 [J]. 解放军外国语学院学报, 2018, 41 (6).

[12] 蒋国东, 陈许. 对外新闻中的"一带一路"：评价理论介入系统下的话语分析 [J]. 外语研究, 2017, 34 (5).

[13] 蒋晓丽, 刘波. 中美突发事件新闻报道中情感话语比较分析：以CNN 和新华网对"温州 7·23 动车事故"和"康州校园枪击案"为例 [J]. 西南民族大学学报 (人文社会科学版), 2015, 36 (2).

[14] 焦俊峰. 基于评价理论的冲突型新闻话语主体构建对比研究 [J]. 西安外国语大学学报, 2020, 28 (3).

[15] 李冰, 汤嫣, 张梓轩. 国际传播语境下新华社突发事件报道：以新华社 Twitter 为例 [J]. 青年记者, 2014 (32).

[16] 李君. 突发事件新闻报道中"他者"声音的态度评价研究 [J]. 外语研究, 2017, 34 (6).

[17] 李天赐, 王浩, 方宝富. 基于 MIC-CNN 方法的中文新闻情感分类 [J]. 山西大学学报 (自然科学版), 2019, 42 (4).

［18］李响. 基于语料库的英语报刊社论态度研究［J］. 当代外语研究，2016（6）.

［19］李雁. 我国英文媒体报道中政治常用语及翻译策略研究：以《中国日报》为例［J］. 出版广角，2016（1）.

［20］刘丹凌. 观看之道："像化"国家形象的视觉识别框架［J］. 南京社会科学，2018（10）.

［21］刘国兵，张孝莲. 中国媒体"一带一路"倡议报道中的态度资源分析：以《中国日报》为例［J］. 西安外国语大学学报，2020，28（2）.

［22］刘兢. 西方视角下中国媒体眼中的世界：1980年代以来英文传播类期刊对中国媒体的内容分析研究［J］. 新闻记者，2014（2）.

［23］刘涛. 语图论：语图互文与视觉修辞分析［J］. 新闻与传播评论，2018，71（1）.

［24］罗文兵，徐雄飞，王明文，等. 面向新闻的情感关键句抽取与判定［J］. 江西师范大学学报（自然科学版），2015，39（6）.

［25］马卫萍. 基于评价理论的新闻报道分析：以马航MH370客机失事报道为例［J］. 新闻战线，2015（12）.

［26］潘艳艳，董典. 美国主流新闻媒体建构中国形象和大国关系的话语策略研究：以2016中俄联合军演的相关报道为例［J］. 西安外国语大学学报，2017，25（3）.

［27］潘云仙，袁方. 基于JST模型的新闻文本的情感分类研究［J］. 郑州大学学报（理学版），2015，47（1）.

［28］裴鸣，吴迪. 英雄人物家庭观念变迁研究：以《人民日报》灾难报道为例［J］. 现代传播（中国传媒大学学报），2014，36（10）.

［29］彭增军. 新闻的情商：数码时代新闻的情感转向［J］. 新闻记者，2019（4）.

［30］钱建伟，LAW R. 基于评价理论介入系统的积极话语分析：以关于中国游客的评论性新闻报道为例［J］. 广西社会科学，2016（6）.

［31］强月新，叶欣. 西方媒体对中国国家形象塑造的转变及其启示［J］. 湖北大学学报（哲学社会科学版），2013，40（2）.

[32] 荣正浩，夏云．中美主流媒体新闻报道互动式元话语分析：以中美经贸摩擦为例 [J]．济宁学院学报，2020，41（5）．

[33] 宋义国．加强英文网络媒体建构国家形象的力度 [J]．新闻战线，2017（20）．

[34] 陶国群．中美主流英文媒体网站对比：以《今日美国》、《中国日报》的网站为例 [J]．青年记者，2012（26）．

[35] 王超群．情感激发与意象表达：新媒体事件图像传播的受众视觉框架研究 [J]．国际新闻界，2019，41（10）．

[36] 王建华，席静，康俊英．西方媒体框架桎梏下中国媒体话语权的建构：以"瑞典中国游客事件"为例 [J]．北京第二外国语学院学报，2020，42（3）．

[37] 王雪晔．图像与情感：情感动员实践中的图像框架及其视觉修辞分析 [J]．南京社会科学，2019（5）．

[38] 王振华．评价系统及其运作：系统功能语言学的新发展 [J]．外国语（上海外国语大学学报），2001（6）．

[39] 王振华，李佳音．高危话语与极端活动：基于评价性语言的心理实现性讨论 [J]．当代修辞学，2021（2）．

[40] 王振华，瞿桃．多模态语篇的评价研究：过去、现在与未来 [J]．外国语（上海外国语大学学报），2020，43（6）．

[41] 王振华，吴启竞．元话语和评价系统在人际意义研究上的互补 [J]．当代修辞学，2020（3）．

[42] 吴元栋．对报道抗震英雄的一丝隐忧 [J]．新闻记者，2008（7）．

[43] 徐明华，王中宇．西方媒介话语中中国形象的"变"与"不变"：以《纽约时报》十年涉华报道为例 [J]．现代传播（中国传媒大学学报），2016，38（12）．

[44] 许庆庆．英文电视媒体的内容定位分析 [J]．新闻战线，2018（18）．

[45] 闫岩，邹文雪．从"工友"到"他们"：建国以来特大事故对象指称词的变迁（1949—2016）[J]．新闻与传播研究，2017，24（8）．

［46］闫岩，邹文雪．群像与独像：新世纪以来我国特大事故报道中的受难者形象［J］．国际新闻界，2018，40（6）．

［47］杨莉．我国英文媒体对外传播影响力提升途径［J］．新闻战线，2017（16）．

［48］叶淑兰，王琤．西方媒体"中国环境威胁论"话语建构探析［J］．国际论坛，2015，17（6）．

［49］原平方，杜广华．中国大陆英文媒体的议程设置研究：以《中国日报》头版为例［J］．山西财经大学学报，2009（S1）．

［50］曾向红，李琳琳．西方对华舆论的演变与中国的应对策略［J］．教学与研究，2020（10）．

［51］张小梅，牛书田．中美媒体英雄报道的差异及成因［J］．青年记者，2017（6）．

［52］赵淑萍，李超鹏．突发公共卫生事件报道中主流媒体情感传播策略研究：以三大央媒新冠肺炎疫情报道短视频产品为例［J］．中国出版，2021（4）．

［53］周锡生．突发公共事件应急报道中的国际话语权问题［J］．中国记者，2009（7）．

［54］周咏梅，阳爱民，杨佳能．一种新闻评论情感词典的构建方法［J］．计算机科学，2014，41（8）．

［55］朱桂生，黄建滨．西方主流媒体视野中的中国青年形象研究：基于BBC纪录片《中国的秘密》的批评性话语分析［J］．中国青年研究，2017（5）．

［56］朱玮，武学军．评价理论视阈下马航新闻报道话语得失原因探析［J］．新闻知识，2014（11）．

［57］邹建达，李宇峰．英雄的叙事与叙事的英雄：论当代新闻叙事中的英雄母题与英雄情结［J］．云南师范大学学报（哲学社会科学版），2008（3）．

（三）论文

[1] 李圣武.突发性事件报道的策略研究：以《人民日报》西藏3·14事件与新疆7·5事件报道为例 [D].武汉：华中师范大学，2011.

[2] 王若琳.《中国日报》突发灾难事件对外报道现状研究：以"8·12"天津爆炸事故为例 [D].北京：北京外国语大学，2016.

[3] 魏志赟.中英文媒体对丧文化报道偏见的话语分析 [D].武汉：武汉大学，2018.

[4] 徐珉君.基于语料库的中印主流英文媒体"一带一路"话语建构研究 [D].杭州：浙江大学，2018.

[5] 张雅萍.国内主流英文媒体中甘肃形象建构研究 [D].兰州：兰州理工大学，2020.

二、英文专著

（一）专著

[1] BATEMAN J, SCHMIDT K H. Multimodal Film Analysis：How Films Mean [M]. London：Routledge，2013.

[2] BEDNAREK M. Evaluation in Media Discourse：Analysis of a Newspaper Corpus [M]. London：Continuum，2006.

[3] BEDNAREK M, CAPLE H. The Discourse of News Values：How News Organizations Create Newsworthiness [M]. New York：Oxford University Press，2017.

[4] BELL A. The Language of News Media [M]. Oxford：Blackwell，1991.

[5] BENTHALL J. Disasters Relief and the Media [M]. London：I. B. Tauris & Co. Ltd，1993.

[6] BLOOM K. Sentiment Analysis Based on Appraisal Theory and Functional Local Grammars [M]. Chicago：Illinois Institute of Technology，2011.

[7] CAMPBELL J. The Hero with a Thousand Faces [M]. Princeton：Princeton University Press，2004.

[8] CAPLE H. Photojournalism：A Social Semiotic Approach [M]. Basing-

stoke: Palgrave Macmillan, 2013.

[9] CAPLE H, HUAN C P, BEDNAREK M. Multimodal News Analysis Across Cultures [M]. Cambridge: Cambridge University Press, 2020.

[10] CHOULIARAKI L. The Spectatorship of Suffering [M]. London: Sage, 2006.

[11] CHU Y C. Chinese Documentaries: From Dogma to Polyphony [M]. London: Routledge, 2007.

[12] COFFIN C. Historical Discourse: The Language of Time, Cause and E-valuation [M]. London: Continuum, 2006.

[13] COTTER C. News Talk: Investigating Language Journalism [M]. Cambridge: Cambridge University Press, 2010.

[14] COTTLE S. Global Crisis Reporting [M]. Maidenhead: Open University Press, 2008.

[15] EGGINS S, SLADE D. Analysing Casual Conversation [M]. London: Cassell, 1997.

[16] FEEZ S, IEDEMA R, WHITE P R R. Media Literacy (Write It Right Literacy in Industry Research Project - Stage 2) [M]. Sydney: Metropolitan East Disadvantaged Schools Program, 1994.

[17] FRIEDMANN A. Writing for Visual Media [M]. Boston: Focal Press, 2010.

[18] GRIERSON J. Grierson on Documentary [M]. London: Faber & Faber, 1966.

[19] HALLIDAY M A K, MATTHIESSEN C M I M. Halliday's Introduction to Functional Grammar [M]. London: Routledge, 2013.

[20] HODGE R, KRESS G. Social Semiotics [M]. Cambridge: Polity Press, 1988.

[21] HODGES A, NILEP C. Discourse, War and Terrorism [M]. Amsterdam: John Benjamins, 2007.

[22] HOOD S. Appraising Research: Evaluation in Academic Writing [M].

London: Palgrave Macmillan, 2010.

[23] HOOK S. The Hero in History: A Study in Limitation and Possibility [M]. New Brunswic: Transaction Publishers, 1992.

[24] JACKSON R. Writing the War on Terrorism: Language, Politics and Counter-Terrorism [M]. Manchester: Manchester University Press, 2005.

[25] KRESS G, VAN LEEUWEN T. Reading Images: The Grammar of Visual Design [M]. London: Routledge, 2006.

[26] LULE J. The Language of Evaluation: Appraisal in English [M]. New York: Guilford Press, 2001.

[27] MACHIN D. Analysing Popular Music: Image, Sound and Text [M]. London: Sage, 2010.

[28] MARTIN J R. English Text: System and Structure [M]. Amsterdam: John Benjamins, 1992.

[29] MARTIN J R, WHITE P R R. The Language of Evaluation: Appraisal in English [M]. Hampshire: Palgrave Macmillan, 2005.

[30] MARTIN J R, ROSE D. Working with Discourse: Meaning beyond the Clause [M]. 2nd ed. London: Continuum, 2007.

[31] MARTIN J R, QUIROZ B, FIGUEREDO, G. Interpersonal Grammar: Systemic Functional Linguistic Theory and Description [M]. Cambridge: Cambridge University Press, 2021.

[32] MATTHIESSEN C M I M. Lexicogrammatical Cartography: English Systems [M]. Tokyo: International Language Sciences Publishers, 1995.

[33] MESTROVIC S. Postemotional Society [M]. London: Sage, 1997.

[34] MUNDAY J. Evaluation in Translation: Critical Points of Translator Decision-Making [M]. London: Routledge, 2012.

[35] NIBLOCK S, MACHIN D. News Production: Theory and Practice [M]. London: Routledge, 2014.

[36] NICHOLS B. Representing Reality: Issues and Concepts in Documentary [M]. Bloomington: Indiana University Press, 1991.

［37］ NICHOLS B. Speaking Truths with Film: Evidence, Ethics, Politics in Documentary ［M］. Oakland: University of California Press, 2016.

［38］ NICHOLS B. Introduction to Documentary ［M］. Bloomington: Indiana University Press, 2017.

［39］ O'TOOLE M. The Language of Displayed Art ［M］. Rutherford: Fairleigh Dickinson University Press, 1994.

［40］ O'TOOLE M. The Language of Displayed Art ［M］. London: Routledge, 2010.

［41］ PAINTER C, MARTIN J R, UNSWORTH L. Reading Visual Narratives: Image Analysis of Children's Picture Books ［M］. Sheffield: Equinox, 2013.

［42］ PALMER J. Spinning into Control: News Values and Source Strategies ［M］. London: Leicester University Press, 2000.

［43］ RANK O. The Myth of the Birth of the Hero: A Psychological Interpretation of Mythology ［M］. New York: Robert Brunner, 1952.

［44］ SEKULA A. Photography Against the Grain ［M］. Halifax: The Press of the Nova Scotia College of Art and Design, 1984.

［45］ SMITH M. Engaging Characters: Fiction, Emotion and the Cinema ［M］. Oxford: Oxford University Press, 1995.

［46］ SONTAG S. Regarding the Pain of Others ［M］. New York: Farrar, Straus and Giroux, 2003.

［47］ TAN E S. Emotion and the Structure of Narrative Film: Film as an Emotion Machine ［M］. London: Routledge, 2011.

［48］ THOMPSON G, ALBA-JUEZ L. Evaluation in Context ［M］. London: John Benjamins, 2014.

［49］ TSERONIS A, FORCEVILLE C. Multimodal Argumentation and Rhetoric in Media Genres ［M］. Amsterdam: Benjamins, 2017.

［50］ VAN DIJK T A. News as Discourse ［M］. Hillsdale: Lawrence Erlbaum Associates, 1988.

［51］VAN DIJK T A. Ideology: A Multidisciplinary Approach ［M］. London: Sage, 1998.

［52］VAN LEEUWEN T. The Grammar of Legitimation ［M］. London: London School of Printing, 1996.

［53］VAN LEEUWEN T. Discourse and Practice: New Tools for Critical Discourse Analysis ［M］. Oxford: Oxford University Press, 2008.

［54］VAN LEEUWEN T, JEWITT C. The Handbook of Visual Analysis ［M］. London: Sage, 2000.

［55］VAN LEEUWEN T. Speech, Music, Sound ［M］. London: Macmillan, 1999.

［56］VAN LEEUWEN T. Introducing Social Semiotics ［M］. London: Routledge, 2004.

［57］WARD P. Documentary: The Margins of Reality ［M］. London: Wallflower Press, 2005.

［58］WINSTON B. Claiming the Real II: Documentary: Grierson and Beyond ［M］. London: Palgrave Macmillan, 2008.

（二）期刊

［1］ABASI A R, AKBARI N. The Discoursal Construction of Candidates in the Tenth Iranian Presidential Elections: A Positive Discourse Analytical Case Study ［J］. Journal of Language and Politics, 2013, 12 (4).

［2］ADAMI E. What's in a Click? A Social Semiotic Framework for the Multimodal Analysis of Website Interactivity ［J］. Visual Communication, 2015, 14 (2).

［3］ADEGBOLA O, SKARDA – MITCHELL J, GEARHART S. Everything's Negative about Nigeria: A Study of US Media Reporting on Nigeria ［J］. Global Media and Communication, 2018, 14 (1).

［4］BARRINHA A. The Political Importance of Labelling: Terrorism and Turkey's Discourse on the PKK ［J］. Critical Studies on Terrorism, 2011, 4 (2).

［5］BARTLEY L V. Please Make Your Verdict Speak the Truth: Insights from an Appraisal Analysis of the Closing Arguments from a Rape Trial ［J］. Text & Talk, 2020, 40 (4).

［6］BARTOLUCCI V. Terrorism Rhetoric under the Bush Administration: Discourses and Effects ［J］. Journal of Language and Politics, 2012, 11 (4).

［7］BATEMAN J. Hallidayan Systemic-Functional Semiotics and the Analysis of the Moving Audiovisual Image ［J］. Text & Talk, 2013, 33 (4-5).

［8］BATEMAN J, WILDFEUER J. Defining Units of Analysis for the Systematic Analysis of Comics: A Discourse-Based Approach ［J］. Studies in Comics, 2014, 5 (2).

［9］BEDNAREK M. Polyphony in Appraisal: Typological and Topological perspectives ［J］. Linguistics and the Human Sciences, 2007, 3 (2).

［10］BEDNAREK M. Voices and Values in the News: News Media Talk, News Values and Attribution ［J］. Discourse, Context & Media, 2016, 11.

［11］CAPLE H, BEDNAREK M. Delving into the Discourse: Approaches to News Values in Journalism Studies and Beyond ［J］. Reuters Institute for the Study of Journalism, 2013.

［12］CAPLE H, BEDNAREK M. Rethinking News Values: What a Discursive Approach Can Tell Us about the Construction of News Discourse and News Photography ［J］. Journalism, 2016, 17 (4).

［13］CAPLE H, KNOX J. Online News Galleries, Photojournalism and the Photo Essay ［J］. Visual Communication, 2012, 11 (2).

［14］CAPLE H, KNOX J. A Framework for the Multimodal Analysis of Online News Galleries: What Makes a "Good" Picture Gallery? ［J］. Social Semiotics, 2015, 25 (3).

［15］DAHL T, FLØTTUM K. Verbal - Visual Harmony or Dissonance? A News Values Analysis of Multimodal News Texts on Climate Change ［J］. Discourse, Context & Media, 2017, 20.

［16］DOANE M A. The Voice in the Cinema: The Articulation of Body and

Space [J]. Yale French Studies, 1980 (60).

[17] ENGELBRECHT A. An Appraisal Theory Approach to News Reports on Rhino Poaching in South Africa [J]. Language Matters, 2020, 51 (1).

[18] ENGSTRÖM R, PARADIS C. The In-group and Out-groups of the British National Party and the UK Independence Party: A Corpus-Based Discourse-Historical Analysis [J]. Journal of Language and Politics, 2015, 14 (4).

[19] FAHMY S. Photojournalists' and Photo Editors' Attitudes and Perceptions: The Visual Coverage of 9/11 and the Afghan War [J]. Visual Communication Quarterly, 2005, 12 (3-4).

[20] FAHMY S. Contrasting Visual Frames of Our Times: A Framing Analysis of English and Arabic-Language Press Coverage of War and Terrorism [J]. International Communication Gazette, 2010, 72 (8).

[21] FEBLOWITZ J C. The Hero We Create: 9/11 & The Reinvention of Batman [J]. Student Pulse, 2009, 1 (12).

[22] FENG D, O'HALLORAN K L. Representing Emotive Meaning in Visual Images: A Social Semiotic Approach [J]. Journal of Pragmatics, 2012, 44 (14).

[23] FENG D Z, O'HALLORAN K L. The Multimodal Representation of Emotion in Film: Integrating Cognitive and Semiotic Approaches [J]. Semiotica, 2013 (197).

[24] GALTUNG J, RUGE M H. The Structure of Foreign News: The Presentation of the Congo, Cuba and Cyprus Crises in Four Norwegian Newspapers [J]. Journal of Peace Research, 1965, 2 (1).

[25] GREENWOOD K, ZOE SMITH C. How the World Looks to Us: International News in Award-Winning Photographs from the Pictures of the Year, 1943-2003 [J]. Journalism Practice, 2007, 1 (1).

[26] GRODAL T, KRAMER M. Empathy, Film, and the Brain [J]. Semiotic Inquiry, 2010, 30 (1).

[27] GUNSCH M A, BROWNLOW S, HAYNES S E, et al. Differential

Forms Linguistic Content of Various of Political Advertising [J]. Journal of Broadcasting & Electronic Media, 2000, 44 (1).

[28] HANUSCH F. Valuing Those Close to Us: A Comparison of German and Australian Quality Newspapers' Reporting of Death in Foreign News [J]. Journalism Studies, 2008, 9 (3).

[29] HARCUP T, O'NEILL D. What is News? News Values Revisited (Again) [J]. Journalism Studies, 2017, 18 (12).

[30] HELKE S. In Pursuit of Emotions: The Emotive Turn and Postpolitical Sentiment in Finnish Documentary Film Culture [J]. Studies in Documentary Film, 2016, 10 (2).

[31] IEDEMA R. Multimodality, Resemiotization: Extending the Analysis of Discourse as Multi-Semiotic Practice [J]. Visual Communication, 2003, 2 (1).

[32] JACKSON A D. Intertitles, History and Memory in Spring in My Hometown [J]. Journal of Japanese and Korean Cinema, 2017, 9 (2).

[33] JOYE S. The Hierarchy of Global Suffering: A Critical Discourse Analysis of Television News Reporting on Foreign Natural Disasters [J]. Journal of International Communication, 2009, 15 (2).

[34] JOYE S. News Discourses on Distant Suffering: A Critical Discourse Analysis of the 2003 SARS Outbreak [J]. Discourse & Society, 2010, 21 (5).

[35] JOYE S. Media and Disasters: Demarcating an Emerging and Interdisciplinary Area of Research [J]. Sociology Compass, 2014, 8 (8).

[36] KAUR M. Documentaries as a Persuasive Form of Art [J]. Literary Herald, 2017, 3 (3).

[37] KELLNER D. 9/11, Spectacles of Terror, and Media Manipulation: A Critique of Jihadist and Bush Media Politics [J]. Critical Discourse Studies, 2004, 1 (1).

[38] LANGTON L M. Photo Coverage of the Third World in Four Prestige US Newspapers [J]. Newspaper Research Journal, 1991, 12 (4).

[39] LARKE-WALSH G S. Injustice Narratives in a Post-Truth Society: E-

motional Discourses and Social Purpose in Southwest of Salem: The Story of the San Antonio Four [J]. Studies in Documentary Film, 2021, 15 (1).

[40] LEE S H. An Application of Multiple Coding for the Analysis of Attitude in an Academic Argument [J]. Linguistics and the Human Sciences, 2007, 3 (2).

[41] LI T, ZHU Y F. How Does China Appraise Self and Others? A Corpus-Based Analysis of Chinese Political Discourse [J]. Discourse & Society, 2019, 31 (2).

[42] MACCARONE E M. Ethical Responsibilities to Subjects and Documentary Filmmaking [J]. Journal of Mass Media Ethics: Exploring Questions of Media Morality, 2010, 25 (3).

[43] MACKAY R R. Multimodal Legitimation: Selling Scottish Independence [J]. Discourse & Society, 2015, 26 (3).

[44] MACKEN-HORARIK M. Appraisal and the Special Instructiveness of Narrative [J]. Text & Talk, 2003, 23 (2).

[45] MAKKI M. "Discursive News Values Analysis" of Iranian Crime News Reports: Perspectives from the Culture [J]. Discourse & Communication, 2019, 13 (4).

[46] MARTIN J R. Mourning: How We Get Aligned [J]. Discourse & Society, 2004, 15 (2-3).

[47] MARTIN J R. The Discourse Semantics of Attitudinal Relations: Continuing the Study of Lexis [J]. Russian Journal of Linguistics Vestnik RUDN (Special issue Discourse Analysis in the 21st Century: Theory and Practice), 2017, 21 (1).

[48] MOHAMED-HANEEF M S. Multimodal Social Semiotic Analysis of Delhi Rape Conviction News in 2013 in CNN IBN Website [J]. Asian Journal of Communication, 2019, 29 (1).

[49] MURPHREE V, REBER B H, BLEVENS F. Superhero, Instructor, Optimist: FEMA and the Frames of Disaster in Hurricanes Katrina and Rita [J].

Journal of Public Relations Research, 2009, 21 (3).

[50] MYLONAS Y. Discourses of Counter-Islamic-Threat Mobilization in Post 9/11 Documentaries [J]. Journal of Language and Politics, 2012, 11 (3).

[51] NATUSCH B, HAWKINS B. Mapping Nichols' Modes in Documentary Film: Ai Weiwei: Never Sorry and Helvetica [J]. IAFOR Journal of Media, Communication and Film, 2014, 2 (1).

[52] NICKERSON C. Media Portrayal of Terrorism and Muslims: A Content Analysis of Turkey and France [J]. Crime, Law and Social Change, 2019, 72 (5).

[53] NISBET M C, AUFDERHEIDE P. Documentary Film: Towards a Research Agenda on Forms, Functions, and Impacts [J]. Mass Communication and Society, 2009, 12 (4).

[54] O'TOOLE M. A Systemic-Functional Semiotics of Art [J]. Semiotica, 1990, 82 (3-4).

[55] OKTAR L. The Ideological Organization of Representational Processes in the Presentation of Us and Them [J]. Discourse & Society, 2001, 12 (3).

[56] OSISANWO A. Discursive Representation of Boko Haram Terrorism in Selected Nigerian Newspapers [J]. Discourse & Communication, 2016, 10 (4).

[57] PAEK H J, HOVE T, JEON J. Social Media for Message Testing: A Multilevel Approach to Linking Favorable Viewer Responses with Message, Producer, and Viewer Influence on YouTube [J]. Health Communication, 2013, 28 (3).

[58] PAGE R E. An Analysis of Appraisal in Childbirth Narratives with Special Consideration of Gender and Storytelling Style [J]. Text & Talk, 2003, 23 (2).

[59] PELED-ELHANAN N. Legitimation of Massacres in Israeli School History Books [J]. Discourse & Society, 2010, 21 (4).

[60] POKALOVA E. Authoritarian Regimes Against Terrorism: Lessons from China [J]. Critical Studies on Terrorism, 2013, 6 (2).

［61］QI H, YE F Y. Contrastive Analysis of Discursive Constructions in Terrorist Attack Reports between Chinese and British Newspapers: Case Study of Reports on Beijing and Barcelona Terrorist Attacks ［J］. Journal of Quantitative Linguistics, 2019, 27 (4).

［62］REYES A. Strategies of Legitimization in Political Discourse: From Words to Actions ［J］. Discourse & Society, 2011, 22 (6).

［63］RIZWAN S. Legitimation Strategies and Theistic Worldview in Sociopolitical Discourse: A Systemic Functional Critical Discourse Analysis of Pakistani Social Media Discourse ［J］. Text & Talk, 2019, 39 (2).

［64］RODRÍGUEZ-MERINO P A. Old "Counter-Revolution", New "terrorism": Historicizing the Framing of Violence in Xinjiang by the Chinese State ［J］. Central Asian Survey, 2019, 38 (1).

［65］ROOSVALL A. Religion, Globalization and Commodification in Online World News Slideshows: The Dis/Connection of Images and Texts ［J］. Social Semiotics, 2016, 26 (1).

［66］SABAO C. Arguments for an Appraisal Linguistic Discourse Approach to the Analysis of "Objectivity" in "Hard" News Reports ［J］. African Journalism Studies, 2016, 37 (1).

［67］SCHNEIDER F, HWANG Y J. The Sichuan Earthquake and the Heavenly Mandate: Legitimizing Chinese Rule through Disaster Discourse ［J］. Journal of Contemporary China, 2014, 23 (88).

［68］SCHULTZ I. The Journalistic Gut Feeling: Journalistic Doxa, News Habitus and Orthodox News Values ［J］. Journalism Practice, 2007, 1 (2).

［69］SMITH FINLEY J. Securitization, Insecurity and Conflict in Contemporary Xinjiang: Has PRC Counter-Terrorism Evolved into State Terror? ［J］. Central Asian Survey, 2019, 38 (1).

［70］TAUSCZIK Y R, PENNEBAKER J W. The Psychological Meaning of Words: LIWC and Computerized Text Analysis Methods ［J］. Journal of Language and Social Psychology, 2010, 29 (1).

［71］TAYLOR C. Multimodal Transcription in the Analysis, Translation and Subtitling of Italian Films ［J］. The Translator, 2003, 9 (2).

［72］TAYLOR C. The Multimodal Approach in Audiovisual Translation ［J］. Target, 2016, 28 (2).

［73］TSCHANTRET J. Repression, Opportunity, and Innovation: The Evolution of Terrorism in Xinjiang, China ［J］. Terrorism and Political Violence, 2018, 30 (4).

［74］TSENG C-I, BATEMAN J A. Cohesion in Comics and Graphic Novels: an Empirical Comparative Approach to Transmedia Adaptation in City of Glass ［J］. Adaptation, 2018, 11 (2).

［75］UNSWORTH L. Persuasive Narratives: Evaluative Images in Picture Books and Animated Movies ［J］. Visual Communication, 2015, 14 (1).

［76］VALDEÓN R A. Discursive Constructions of Terrorism in Spain: Anglophone and Spanish Media Representations of Eta ［J］. International Journal of Applied Linguistics, 2009, 19 (1).

［77］VAN DIJK T A. Discourse and Manipulation ［J］. Discourse & Society, 2006, 17 (3).

［78］VAN LEEUWEN T. Impartial Speech-Observations on the Intonation of Radio Newsreaders ［J］. Australian Journal of Cultural Studies, 1984, 2 (1).

［79］VAN LEEUWEN T. Legitimation in Discourse and Communication ［J］. Discourse & Communication, 2007, 1 (1).

［80］WALTER D, SHEAFER T, NIR L, et al. Not All Countries are Created equal: Foreign Countries Prevalence in US News and Entertainment Media ［J］. Mass Communication and Society, 2016, 19 (4).

［81］WANG G F. Legitimization Strategies in China's Official Media: The 2018 Vaccine Scandal in China ［J］. Social Semiotics, 2020, 30 (5).

［82］WANG G F, MA X Q. Representations of LGBTQ+Issues in China in Its Official English-Language Media: A Corpus-Assisted Critical Discourse Study ［J］. Critical Discourse Studies, 2021, 18 (2).

[83] WANG J Z. Eastern Turkistan Islamic Movement: A Case Study of a New Terrorist Organization in China [J]. International Journal of Offender Therapy and Comparative Criminology, 2003, 47 (5).

[84] WARMINGTON P, VAN GORP A, GROSVENOR I. Education in Motion: Uses of Documentary Film in Educational Research [J]. Paedagogica Historica, 2011, 47 (4).

[85] WAYNE M I. Inside China's War on Terrorism [J]. Journal of Contemporary China, 2009, 18 (59).

[86] WODAK R. Review Focus: Boundaries in Discourse Analysis [J]. Journal of Language in Society, 2006, 35 (4).

[87] WOLFE C. Historicising the "Voice of God": The Place of Vocal Narration in Classical Documentary [J]. Film History, 1997, 9 (2).

[88] WRIGHT S. "Ah⋯ the Power of Mothers": Bereaved Mothers as Victim-Heroes in Media Enacted Crusades for Justic [J]. Crime, Media, Culture, 2016, 12 (3).

[89] XU X Y, NESI H. Evaluation in Research Article Introductions: A Comparison of the Strategies Used by Chinese and British Authors [J]. Text & Talk, 2019, 39 (6).

[90] YIN L G, WANG H Y. People-Centred Myth: Representation of the Wenchuan Earthquake in China Daily [J]. Discourse & Communication, 2010, 4 (4).

[91] YU H L. One Page, Two Stories: Intersemiotic Dissonance in a Comic Adaptation of Journey to the West [J]. Social Semiotics, 2021, 31 (4).

[92] YU H L, WU C Z. Attitude as Mediation: Peritextual Commentary in the Translation of the Platform Sutra [J]. Text & Talk, 2018, 38 (5).

[93] YU H L, YANG T Y. Loving Mother VS. Controlling Mother: Visual Attitude and Reading Positions in the Short Film Bao [J]. Social Semiotics, 2020, 32 (3).

（三）英文学位论文

［1］ECONOMOU D. Photos in the News：Appraisal Analysis of Visual Semiosis and Verbal-Visual Intersemiosis ［D］. Sydney：University of Sydney，2009.

［2］FENG D Z. Modelling Appraisal in Film：A Social Semiotic Approach ［D］. Singapore：National University of Singapore，2014.

后 记

　　1981 年 6 月 1 日，新中国成立后第一份官方英文报纸《中国日报》（*China Daily*）正式发行。到如今，我国已经拥有新华社、《人民日报》（英文版）、《今日中国》、《求是》（英文版）、中国网、《环球时报》（英文版）、中国国际广播电台（China Radio International–CRI）、中国国际电视台（CGTN）、《上海日报》（*Shanghai Daily*）、《北京周报》（*Beijing Review*）等众多国家级、地方级英文报刊、网站和电台。

　　在政府不遗余力采取多种渠道支持英文媒体发展、在国际上发出中国声音的同时，有关中国官方国际话语的研究，也需要在国际舞台上进行展示。就像西方媒体很难对包括中国在内的发展中国家进行正面报道一样，西方的学者在其研究中，由于各种原因，在涉及政治意识形态问题时，也很难保持友好甚至中立的态度。这一点，在本书第四章有关新疆恐怖主义的探讨中（第四章第一节：新疆恐怖主义与相关议题）就已经提及。在研究过程中，因为研究需要，笔者查阅了大量有关中国媒体的英文期刊论文，发现其中很多研究带有很明显的意识形态倾向，正像刘兢在其针对 20 世纪 80 年代以来英文传播类期刊对中国媒体的内容分析中所指出的，"发表英文中国媒体内容分析报告的学人多身居海外……他们中的大多数人既难以深入新闻一线体察中国媒体内容生产的微观场景，也甚少有机会用受众调查检验中国媒体内容是否真能导致认知变化等效果"①。

　　在这种背景下，处于中国文化背景的学者，以客观的态度，在学术研究

---

① 刘兢. 西方视角下中国媒体眼中的世界：1980 年代以来英文传播类期刊对中国媒体的内容分析研究 [J]. 新闻记者，2014（2）：55.

领域勇于发出不同的声音，也将是十分重要且必要的。当然，这一过程将面临很多挑战和障碍。在撰写完成有关中国反恐话语的研究之后，笔者将（英文）论文投稿至一家国际知名的期刊，随后被拒稿。编辑的回信对退稿的原因进行了说明，其中明确提到了政治（political）因素。编辑的原话是这样说的：

The second reason is admittedly political. As an international journal of critical discourse analysis, we combat all forms of injustice, oppression, etc through systematic discourse analysis... I am aware that for you such a critical analysis of Chinese media is not realistic, so that you can offer only an "objective" account of Chinese media against both the West and the situation in Xinjiang, defined by Chinese media as well as your paper largely as a problem of terrorism. ... *Our current information of international organizations (not western media) such as Amnesty about the situation in Xinjiang is not primarily a question of terrorism but of oppression of an ethnic minority–a topic on which your paper understandably cannot comment in detail.* （编辑退稿邮件中的原话，笔者强调）

也就是说，这篇文章被退稿的主要原因是不符合编辑（及其所代表的部分西方学者）的政治立场。套用批评性话语分析的思想，大学教授、期刊编辑和出版商、政治家、新闻媒体一样，都是掌握话语权、有能力左右该社会其他人思想的人。当有话语权的西方学者面对其所谓的压迫性的（当然也是比他们更加有影响力的）政府机构/媒体时，他们自认为自己的研究成果是"批判性的"（critical），而当他们转而面向相对于自己更为弱势的（非西方）学者时，这种态度和做法，与他们一向反对的政府/媒体又有何区别呢？

在这种背景下，一种难以避免的现象就是，大部分针对非西方国家的英文研究成果呈现出单一的政治倾向，即为西方主流社会/学者所接受的政治倾向。与政治家的演讲或媒体报道不同，普通大众通常给予学术研究更多的尊重，认为其更客观、更权威，当然也更具有说服力。因此，经常会出现所谓的学者研究成果来佐证政客或媒体不实言论的现象。例如，2020 年 6 月，哈佛大学医学院一团队发表论文，称通过分析武汉医院附近交通流量和相关百度搜索认为，新冠病毒在 2019 年 8 月底就可能在武汉传播。该论文迅速被美国福克斯新闻台报道，并被当时的美国总统特朗普拿来作为攻击中国的"炮弹"。①

在笔者的研究过程中也有类似的发现。如在之前一篇有关英文版中国政府工作报告的期刊论文中②，该论文作者对比了 2013 年温家宝总理的政府工作报告和香港特区行政长官施政报告，分析结果显示，政府工作报告中，we should 占绝对优势，而香港施政报告中，we will 占绝对优势。英语中，should 经常用来表示命令，用于地位高的人告知地位低的人应该做什么，而 will 表示意愿，是我们想要做什么。因此，该论文作者认为，we should 和 we will 的使用反映了两种不同的政治权力结构。而笔者将 2000—2020 年所有的英文版政府工作报告收集、整理、分析之后发现，2013 年政府工作报告英文版中使用 we should 只是一个特例，除了 2013 年这一年，2000—2020 年间所有的政府工作报告中，we will 的出现频率都是 we should 不能相比的。也就是说，如果将语料换成 2013 年之外的任何一年的政府工作报告，该论文的结论就将无法成立。笔者在 2020 年发表的研究论文中③，把这一问题指了出来，并对其进行了纠正。

综上所述，在研究过程中，笔者最大的感受是有关中国国际话语研究成果在国际舞台展示的必要性，以及目前中英文相关研究成果在议题设置上的偏差。就目前的研究形势而言，（国内）中文的研究成果大都以积极、肯定为主，而（国际）英文的研究成果大都以消极、否定为主。而真正有利于中国官方英文媒体发展的学术研究，应该是相反的：中文研究多关注一下我国官方英文媒体目前存在的不足，以期改正、提高；英文研究多对我国官方英文媒体的报道和立场予以肯定，以提高国际读者/观众对中国媒体的信任度。当然，这只是本人在研究过程中的感受，难免带有个人主观色彩，仅供参考。

① 徐祥的. 国际观察：哈佛大学的新冠"云研究"，几多荒谬？[EB/OL]. 人民网，2020-06-11.
② MENG C，YU Y. "We Should…" Versus "We Will…": How Do the Governments Report Their Work in "One Country Two Systems"? A Corpus-Driven Critical Discourse Analysis of Government Work Reports in Greater China [J]. Text & Talk，2016，36（2）：199-219.
③ YU H Z，WU C Z. Functions of the Pronoun "We" in the English Translations of Chinese Government Reports [M] //WANG B H，MUNDAY J. Advances in Discourse Analysis of Translation and Interpreting. London：Routledge，2020：85-105.